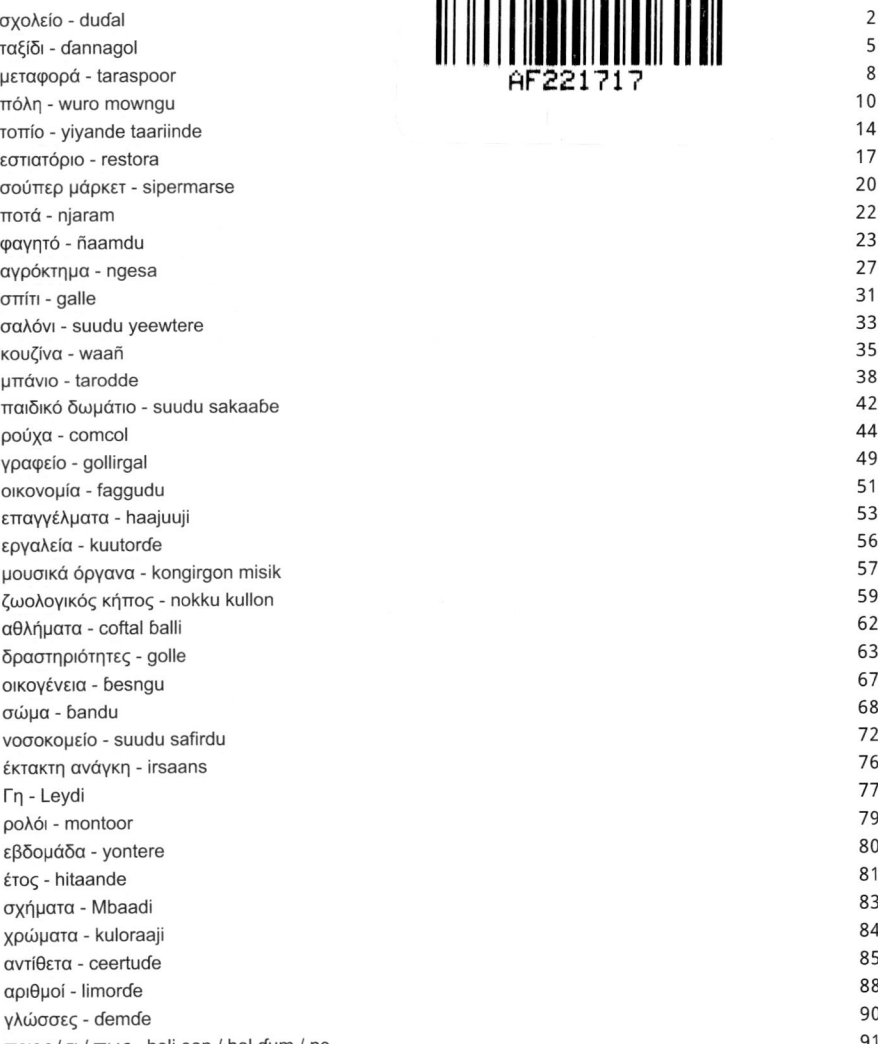

Impressum
Verlag: BABADADA GmbH, Nedderfeld 112 , 22529 Hamburg
Geschäftsführer / Verlagsleitung: Harald Hof
Druck: Books on Demand GmbH, In de Tarpen 42, 22848 Norderstedt

Imprint
Publisher: BABADADA GmbH, Nedderfeld 112 , 22529 Hamburg, Germany
Managing Director / Publishing direction: Harald Hof
Print: Books on Demand GmbH, In de Tarpen 42, 22848 Norderstedt

σχολείο
duɗal

διαιρώ
feccude

186/2

πίνακας
ɓalal binndi

σχολική τάξη
suudu jangirdu

σχολική αυλή
hakkunde ekkol

δάσκαλος
janginoowo

χαρτί
kaayit

γράφω
windude

στυλό
kuɗol

γραφείο
biro

χάρακας
reegal

βιβλίο
deftere

μαθητής
almuudo

σχολική τσάντα

kartaabal

κασετίνα/ μολυβοθήκη

moftirdo kereyonji

μολύβι

kereyo

ξύστρα

ceeɓnirgel kereyon

γόμα

momtirgel

μπλοκ ζωγραφικής

alluwal ciifirgal

ζωγραφική

ciifgol

πινέλο

limsere pentirteeɗo

κουτί χρωμάτων

suwo pentirɗo

ψαλίδι

sisooji

κόλλα

ɗakkorgal

τετράδιο ασκήσεων

deftere ekkorgal

εργασία για το σπίτι

golle janŋde

αριθμός

niimara

προσθέτω

ɓeydude

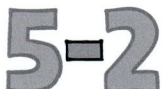

αφαιρώ

ustude

πολλαπλασιάζω

ɓeydude keeweendi

υπολογίζω

qimaade

γράμμα

ɓataake

αλφάβητο

karfeeje

λέξη

kongol

κείμενο

bindol

διαβάζω

jangude

κιμωλία

bindirgal

μάθημα

darsu

εγγράφομαι

winditaade

τεστ

egsame

πιστοποιητικό

sartifika

μαθητική στολή

comcol duɗal

εκπαίδευση

jaŋde

εγκυκλοπαίδεια

ansikolopedi

πανεπιστήμιο

duɗal jaabi haɗtirde

μικροσκόπιο

mikoroskop

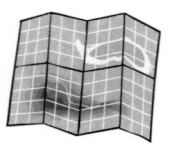

χάρτης

kartal

καλάθι αχρήστων

suwo kurjut

ταξίδι
ɗannagol

ξενοδοχείο
otel
Grand
ξενώνας
obers
ROOMS
EXCHANGE
ανταλλακτήρια συναλλάγματος
nokku beccugol e neldugol
βαλίτσα
waxannde
αυτοκίνητο
oto

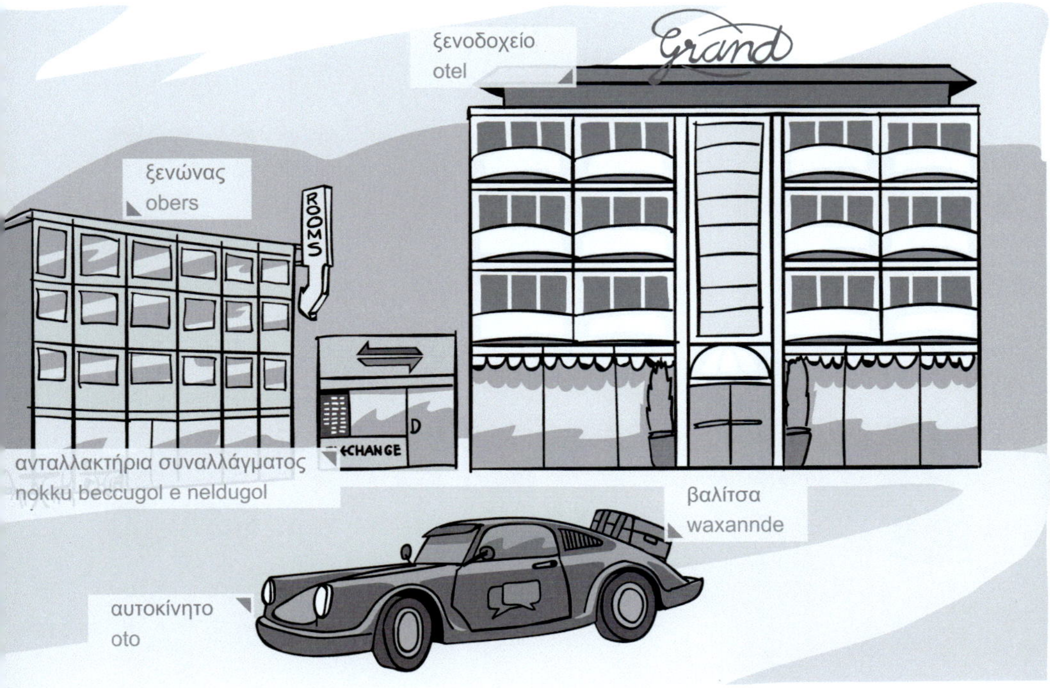

γλώσσα

ɗemngal

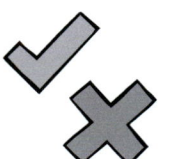

ναι / όχι

Eey / ala

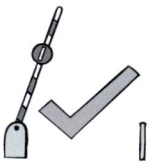

εντάξει

Moyƴi

γεια σου

mbaɗɗa

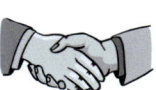

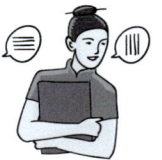

μεταφραστής

pirtoowo

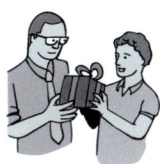

Ευχαριστώ

A jaraama

πόσο κάνει ;

no foti…?

Δε καταλαβαίνω

Mi faamaani

πρόβλημα

hanmi

Καλησπέρα!

Jam hiri!

Καλημέρα!

Jam waali!

Καληνύχτα!

Mbaalen e jam!

Αντίο

ñande woɗnde

κατεύθυνση

laawol

αποσκευές

bagaas

τσάντα

saawdu

σακίδιο πλάτης

saawdu wambateendu

καλεσμένος

koɗo

δωμάτιο

suudu

υπνόσακος

njegenaaw

σκηνή

caalel ladde

τουριστικές πληροφορίες

kabaruuji tuurist

παραλία

tufnde

πιστωτική κάρτα

kartal banke

πρωινό

kacitaari

μεσημεριανό

bottaari

δείπνο

hiraande

εισιτήριο

biye

ανελκυστήρας

suutde

γραμματόσημο

tampon

σύνορα

keerol

τελωνείο

duwaan

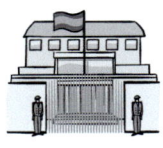

πρεσβεία

ambasad

βίζα

wiisa

διαβατήριο

paaspoor

μεταφορά

taraspoor

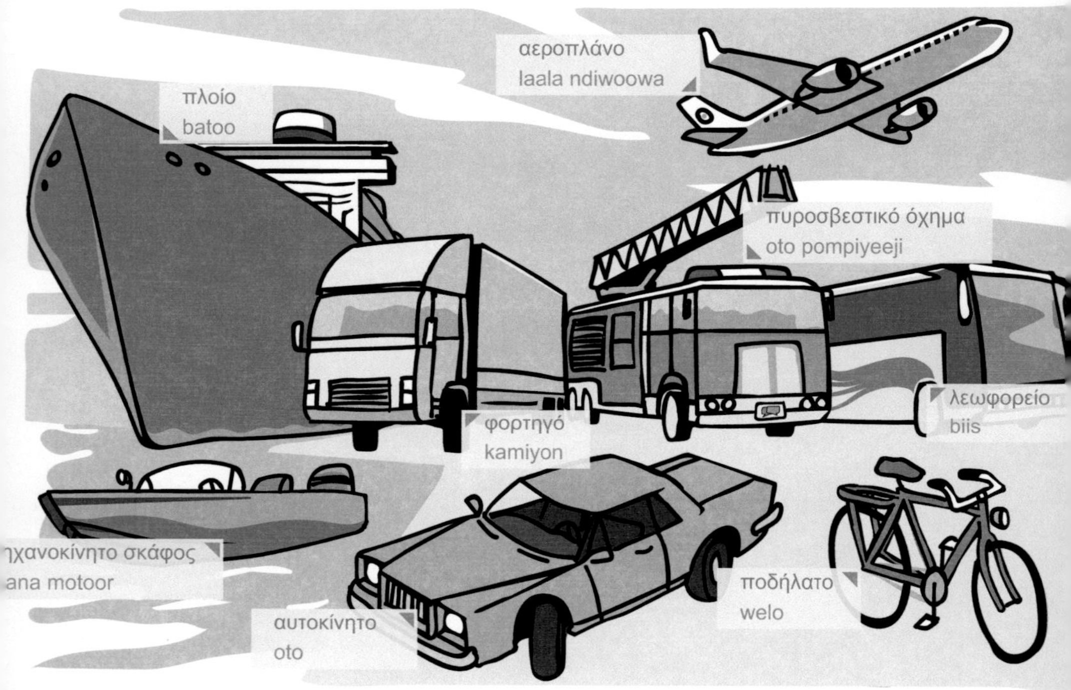

αεροπλάνο
laala ndiwoowa
πλοίο
batoo
πυροσβεστικό όχημα
oto pompiyeeji
λεωφορείο
biis
φορτηγό
kamiyon
ηχανοκίνητο σκάφος
ana motoor
ποδήλατο
welo
αυτοκίνητο
oto

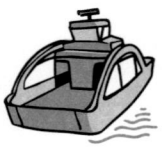

φεριμπότ

batoo

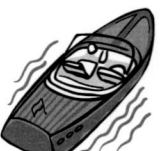

βάρκα

laana

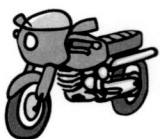

μοτοσικλέτα

welo

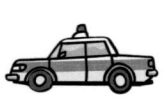

περιπολικό

oto polis

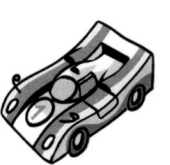

αγωνιστικό αυτοκίνητο

oto dogirteeɗo

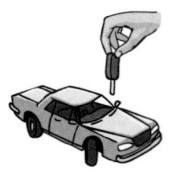

ενοικιαζόμενο αυτοκίνητο

oto luwateeɗo

διαμοιρασμός αυτοκινήτων

dendugol oto

γερανός

oto dandoowo goɗɗo

απορριμματοφόρο

oto kurjut

κινητήρας

motoor

καύσιμο

karbiran

βενζινάδικο

nokku esaans

πινακίδα σήμανσης

tintinooje yaangarta

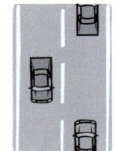

κυκλοφορία

yaa ngarta

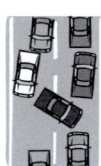

κυκλοφοριακή συμφόρηση

jiibo yaa ngarta

χώρος στάθμευσης

dingiral otooji

σιδηροδρομικός σταθμός

dingiral laana leydi

σιδηροδρομικές γραμμές

laaɓi

τρένο

laana leydi

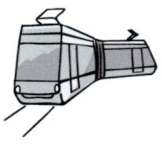

τραμ

laana ndegoowa

βαγόνι

saret

ελικόπτερο

elikopteer

αεροδρόμιο

ayrepoor

πύργος

tuur

επιβάτης

wonɓe e laana

εμπορευματοκιβώτιο

konteneer

χαρτοκιβώτιο

karton

καρότσι

duñirgel kaake

καλάθι

basket

απογειώνομαι /
προσγειόνομαι

diwde / juuraade

πόλη

wuro mowngu

χωριό

wuro

κέντρο της πόλης

hakkunde wuru wowngo

σπίτι

galle

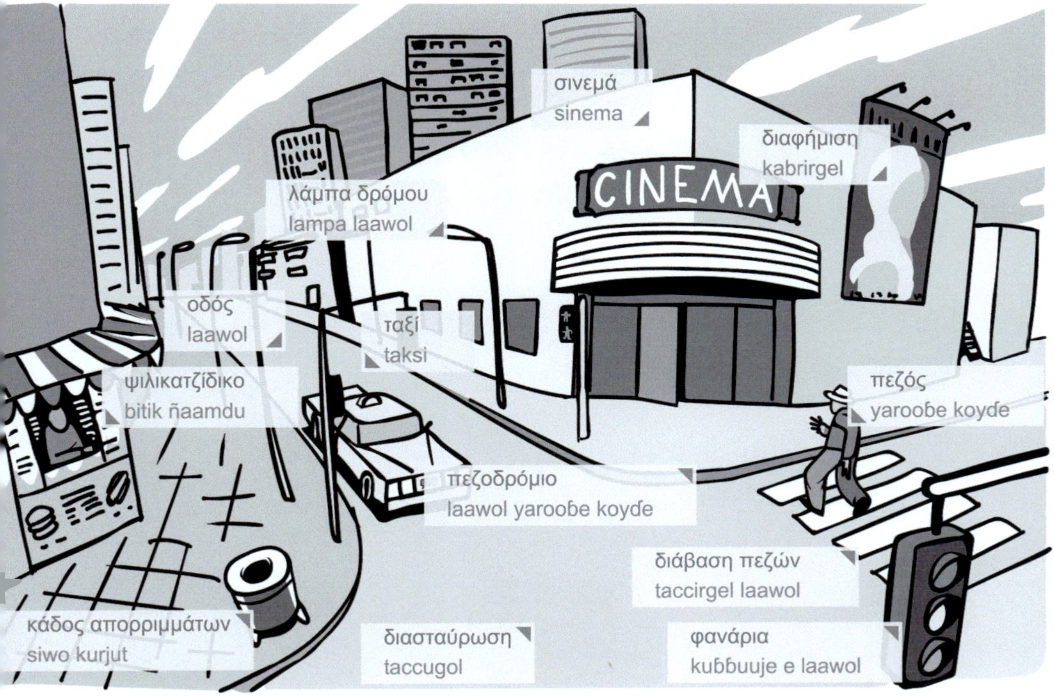
σινεμά
sinema
διαφήμιση
kabrirgel
CINEMA
λάμπα δρόμου
lampa laawol
οδός
laawol
ταξί
taksi
ψιλικατζίδικο
bitik ñaamdu
πεζός
yarooɓe koyɗe
πεζοδρόμιο
laawol yarooɓe koyɗe
διάβαση πεζών
taccirgel laawol
κάδος απορριμμάτων
siwo kurjut
διασταύρωση
taccugol
φανάρια
kuɓɓuuje e laawol

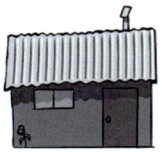

καλύβα

tiba

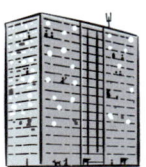

διαμέρισμα

ko foti

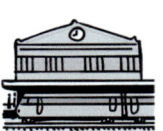

σιδηροδρομικός σταθμός

dingiral laana leydi

δημαρχείο

meeri

MUSEUM

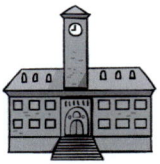

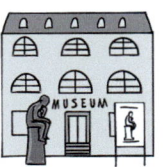

μουσείο

miise

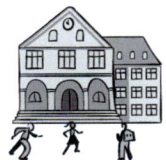

σχολείο

duɗal

πανεπιστήμιο

duɗal jaabi haɗtirde

τράπεζα

banke

νοσοκομείο

suudu safirdu

ξενοδοχείο

otel

φαρμακείο

farmasi

γραφείο

gollirgal

βιβλιοπωλείο

suudu defte

κατάστημα

bitik

ανθοπωλείο

jeyoowo fuloraaji

σούπερ μάρκετ

sipermarse

αγορά

jeere

πολυκατάστημα

madase mawɗo

ιχθυοπωλείο

jeyoowo liɗɗi

εμπορικό κέντρο

nokku coodateeɗo

λιμάνι

poor

πάρκο

park

παγκάκι

jooɗorgal

γέφυρα

taccirgal

σκάλες

ŋabbirɗe

μετρό

laawol metero

τούνελ

laawul les leydi

στάση λεωφορείου

fongo biis

μπαρ

baar

εστιατόριο

restora

γραμματοκιβώτιο

buwaat postaal

πινακίδα δρόμου

lewñowel laawol

παρκόμετρο

to otooji ndaroto

ζωολογικός κήπος

nokku kullon

πισίνα

pisin

τζαμί

jama

αγρόκτημα

ngesa

ρύπανση

gakkingol hendu

νεκροταφείο

bammule

εκκλησία

egiliis

παιδική χαρά

dingiral

ναός

tampl

τοπίο

yiyande taariinde

φύλλο
baramlefol

πινακίδα κατεύθυνσης
tugayal tintinirgal

δρόμος
laawol

λιβάδι
Huɗo sukkuko

πέτρα
haayre

πεζοπόρος
ŋayloowo

δέντρο
lekki

ποτάμι
maayo

χορτάρι
huɗo

λουλούδι
fuloor

κοιλάδα

nokku kaañe mawɗe to ndiyam dogata

λόφος

waande

λίμνη

weedu

δάσος

ladde

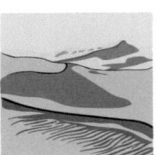

έρημος

ladde yoornde

ηφαίστειο

wolkan

κάστρο

satoo

ουράνιο τόξο

timtimol

μανιτάρι

sampiñon

φοίνικας

leki palm

κουνούπι

ɓowngu

μύγα

diwde

μυρμήγκι

njabala

μέλισσα

mbuubu ñaak

αράχνη

njabala

τοπίο - yiyande taariinde

15

σκαθάρι

hoowoyre keppoore

βάτραχος

faabru

σκίουρος

doomburu ladde

σκαντζόχοιρος

sammunde

λαγός

fowru

κουκουβάγια

pubbuɓal

πουλί

colel

κύκνος

kakeleewal ladde

αγριογούρουνο

mbabba tugal

ελάφι

lella

άλκη

Nagge nde galladi cate

φράγμα

baraas

ανεμογεννήτρια

masiŋel battowel hendu jeynge

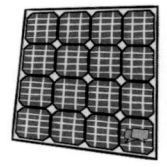

ηλιακός συλλέκτης

Lowowel nguleeki

κλίμα

kilima

εστιατόριο
restora

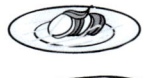

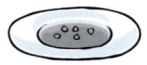

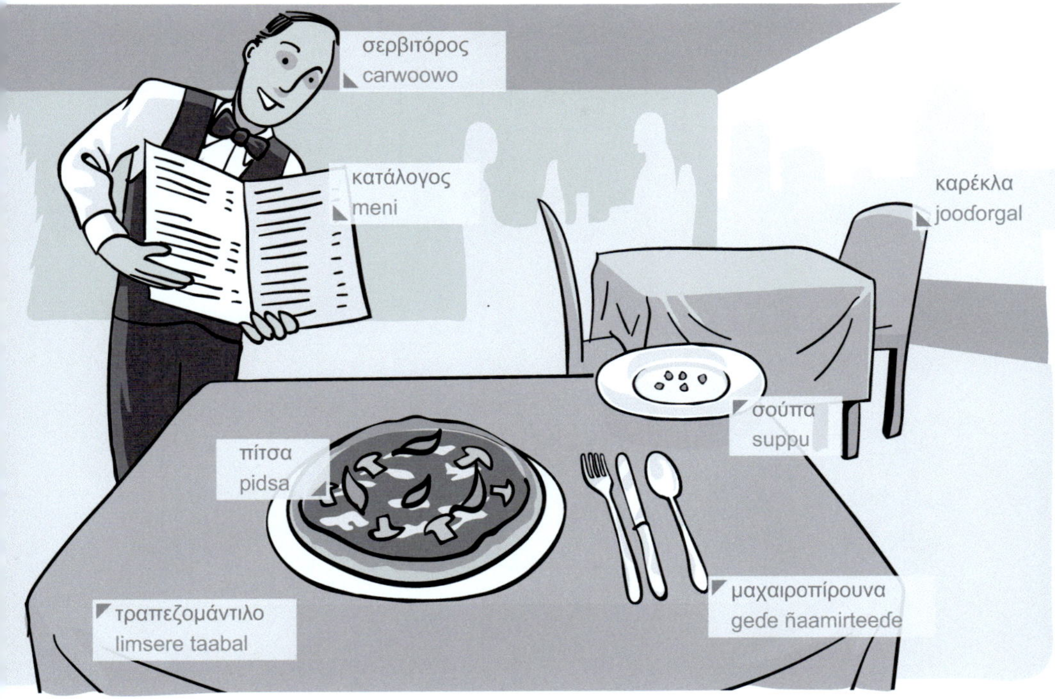

σερβιτόρος
carwoowo
κατάλογος
meni
καρέκλα
jooɗorgal
σούπα
suppu
πίτσα
pidsa
τραπεζομάντιλο
limsere taabal
μαχαιροπίρουνα
geɗe ñaamirteeɗe

ορεκτικό

tongitirgel

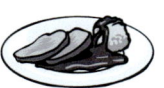

κύριο πιάτο

ñaamdu nguraandi

επιδόρπιο

tuftorogol

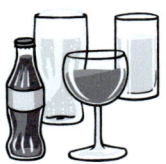

ποτά

njaram

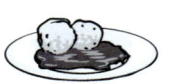

φαγητό

ñaamdu

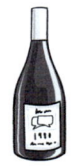

μπουκάλι

butel

φαστ φουντ

fast fud

φαγητό στ' όρθιο

ñaamdu laawol

τσαγιέρα

baraade

δοχείο ζάχαρης

cupayel suukara

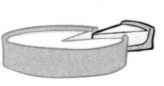

μερίδα

geđel

μηχανή εσπρέσο

Masiŋ kafe

ψηλή καρέκλα

joođorgal toowngal

λογαριασμός

biye

δίσκος

ñorgo

μαχαίρι

paaka

πιρούνι

furset

κουτάλι

kuddu

κουταλάκι του τσαγιού

nokkere kuddu

πετσέτα φαγητού

sarbet

ποτήρι

weer

πιάτο

palaat

πιάτο σούπας

palaat suppu

πιατάκι φλιτζανιού

cupayel

σάλτσα

soos

αλατιέρα

pot lamđam

μύλος για πιπέρι

moññirgal poobar

ξύδι

bineegara

λάδι

nebam

μπαχαρικά

kaađnooje

κέτσαπ

ketsap

μουστάρδα

muttard

μαγιονέζα

mayonees

σούπερ μάρκετ
sipermarse

προσφορά
ngustugul coggu
FOR
πελάτης
kiliyaan
γαλακτοκομικά προϊόντα
kosameeje
φρούτα
ɓikkon leɗɗe
καρότσι για ψώνια
daasirgel

BUTCHERS

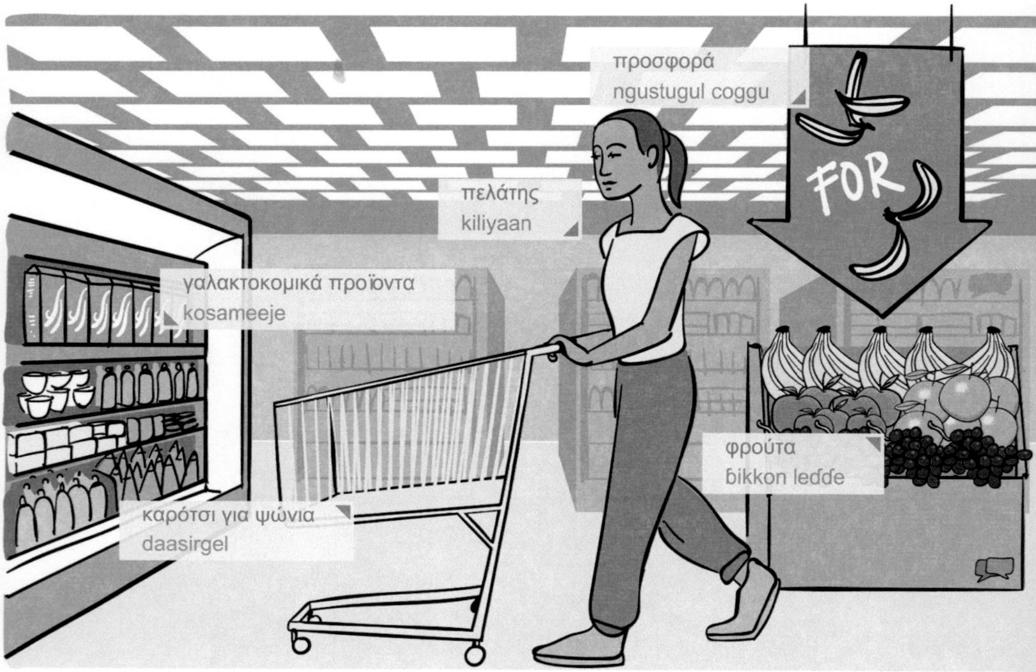

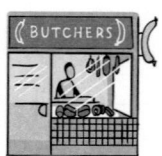

κρεοπωλείο

jeyoowo teew nagge

BAKERY

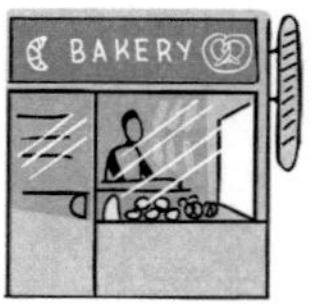

φούρνος

juɗoowo mburu

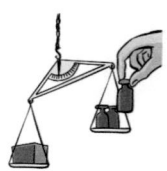

ζυγίζω

ɓetde

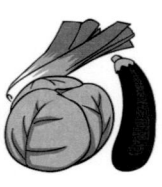

λαχανικά

lijim

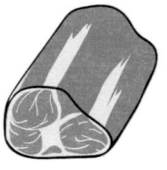

κρέας

teew

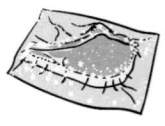

κατεψυγμένα τρόφιμα

ñaamdu ɓumnaandu

αλλαντικά

teew moftaaɗo

κονσερβοποιημένη τροφή

ñaamdu nder buwat

απορρυπαντικό ρούχων

condi lawyirteendu

γλυκά

bonboonji

οικιακά είδη

geɗe ngurdaaɗe

καθαριστικά προϊόντα

porodiwiiji laaɓnirni

πωλήτρια

julaaajo

ταμείο

haa

ταμίας

kestotooɗo

λίστα για ψώνια

limto coodateeɗi

ωράριο λειτουργίας

waktuuji golle

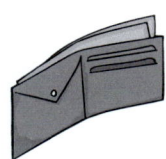

πορτοφόλι

kalbe

πιστωτική κάρτα

kartal banke

τσάντα

saak

πλαστική σακούλα

saak dalli

νερό

ndiyam

χυμός

njaram

γάλα

kosam

κόκα κόλα

yûlmere

κρασί

sangara

μπίρα

sangara

αλκοόλ

sangara

κακάο

kakao

τσάι

ataaya

καφές

kafe

εσπρέσο

kafe jon jooni

καπουτσίνο

kafe italinaaɓe

μπανάνα

banaana

μήλο

pom

πορτοκάλι

oraas

πεπόνι

dende

λεμόνι

limonŋ

καρότο

karot

σκόρδο

laay

μπαμπού

lekki bambu

κρεμμύδι

basalle

μανιτάρι

sampiñon

ξηροί καρποί

gerte

νουντλς

espageti

μακαρόνια

espageti

ρύζι

maaro

σαλάτα

salaat

πατατάκια

firit

τηγανητές πατάτες

faatat cahaaɗo

πίτσα

pidsa

χάμπουργκερ

amburgeer

σάντουιτς

sandiwis

κοτολέτα

buhal baddangal e lijim

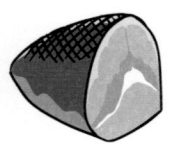

ζαμπόν

buhal teew

σαλάμι

kaane biyeteeɗo sosison

λουκάνικο

sosis

κοτόπουλο

gertogal

ψητό

defaɗum

ψάρι

liingu

χυλός βρώμης

ndefu gabbe kuwakeer

μούσλι

njilɓundi aɓuwaan e gabbe goɗɗe

κορν φλέικς

kornfelek

αλεύρι

farin

κρουασάν

kurwasa

ψωμάκι

pe o le

ψωμί

mburu

τοστ

mburu juɗaaɗo

μπισκότα

mbiskit

βούτυρο

nebam boor

τυρόπηγμα

kosam kaaɗɗam

κέικ

gato

αυγό

ɓoccoonde

τηγανητό αυγό

moccoonde fasnaande

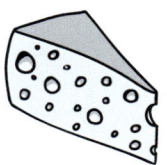

τυρί

foromaas

παγωτό

kerem galaas

ζάχαρη

suukara

μέλι

njuumri

μαρμελάδα

teew nagge

άλλειμμα σοκολάτας

nirkugol sokkola

κάρυ

suppu kaane

αγρόκτημα
ngesa

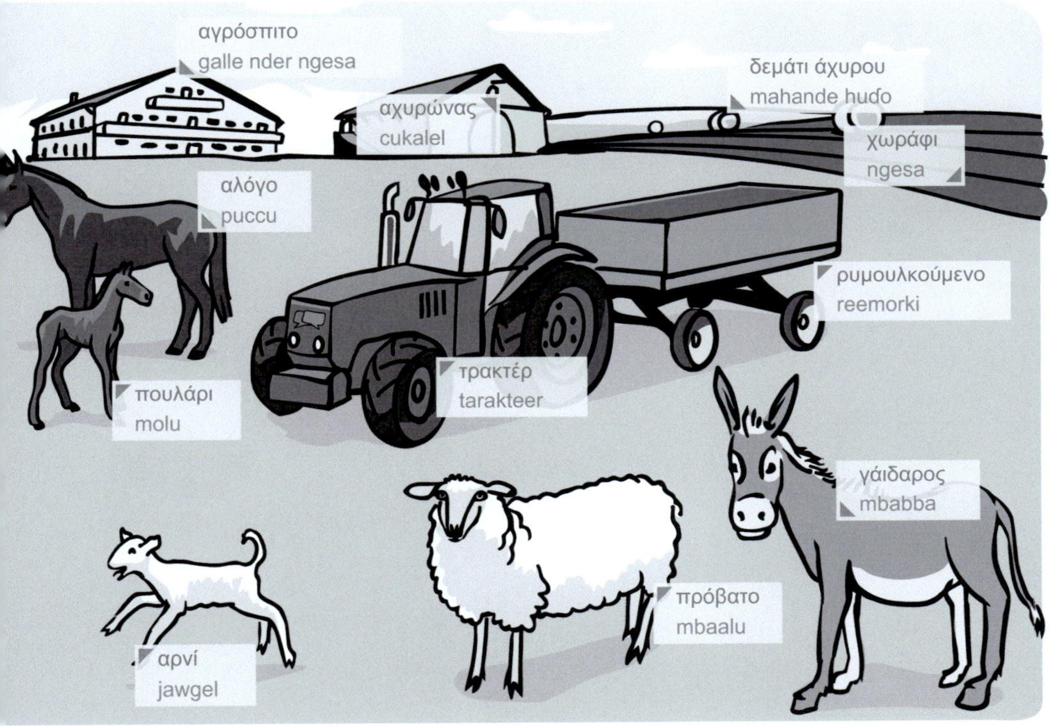

αγρόσπιτο
galle nder ngesa
αχυρώνας
cukalel
δεμάτι άχυρου
mahande hudɗo
χωράφι
ngesa
αλόγο
puccu
ρυμουλκούμενο
reemorki
τρακτέρ
tarakteer
πουλάρι
molu
γάιδαρος
mbabba
πρόβατο
mbaalu
αρνί
jawgel

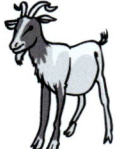

κατσίκα

ndamdi

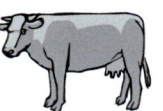

αγελάδα

nagge

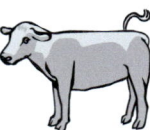

μοσχαράκι

mbeewa

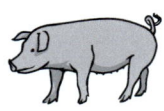

γουρούνι

mbabba tugal

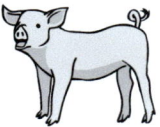

γουρουνάκι

ɓingel mbabba tugal

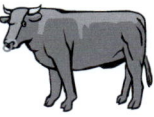

ταύρος

ngaari ladde

χήνα

jarlal ladde

πάπια

gerlal

κοτοπουλάκι

cofel

κότα

jarlal

κόκορας

ngori

αρουραίος

doomburu

γάτα

ullundu

ποντίκι

doomburu

βόδι

nagge

σκύλος

rawaandu

σπιτάκι σκύλου

nokku dawaaɗi

λάστιχο κήπου

tiwo sardin

ποτιστήρι

doosirgal

θεριστήρι

wofdu mawndu

αλέτρι

masiŋ demoowo

αγρόκτημα - ngesa

δρεπάνι

wofdu

τσάπα

coppirgal

δίκρανο

rato

τσεκούρι

hakkunde

χειράμαξα

buruwet

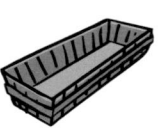

ταΐστρα

mbalka

δοχείο γάλακτος

kosam buwat

σάκος

saak

φράχτης

kalasal galle

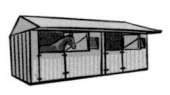

στάβλος

nokku pucci

θερμοκήπιο

inexistant

έδαφος

leydi

σπόρος

abbere

λίπασμα

nguurtinooje leydi

θεριζοαλωνιστική μηχανή

masinŋ coñirteeɗo

θερίζω

soñde

συγκομιδή

soñde

γιαμς

ñambi

σιτάρι

bele

σόγια

soja

πατάτα

faatat

καλαμπόκι

maka

κράμβη

abbere lekki kolsa

οπωροφόρο δέντρο

lekki firwiiji

μανιόκα

ñambi

δημητριακά

sereyaal

σπίτι

galle

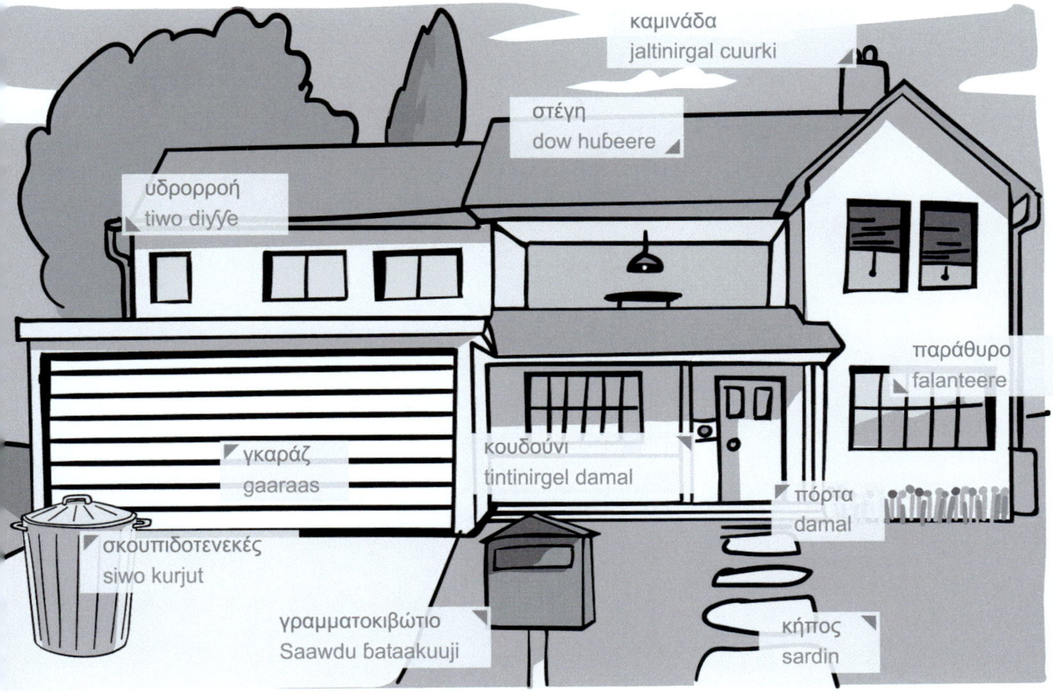
καμινάδα
jaltinirgal cuurki
στέγη
dow huɓeere
υδρορροή
tiwo diyƴe
παράθυρο
falanteere
γκαράζ
gaaraas
κουδούνι
tintinirgel damal
πόρτα
damal
σκουπιδοτενεκές
siwo kurjut
γραμματοκιβώτιο
Saawdu ɓataakuuji
κήπος
sardin

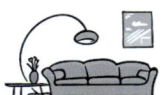

σαλόνι

suudu yeewtere

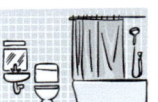

μπάνιο

tarodde

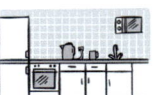

κουζίνα

waañ

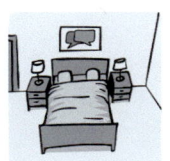

υπνοδωμάτιο

suudu waalduru

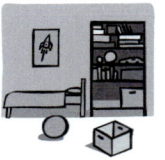

παιδικό δωμάτιο

suudu sakaaɓe

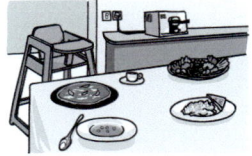

τραπεζαρία

suudu hiraande

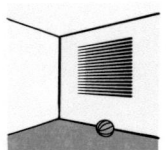

πάτωμα

karawal

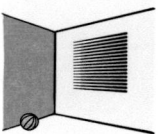

τοίχος

balal

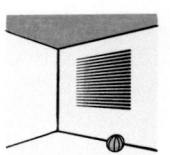

οροφή

asamaan suudu

κελάρι

faawru

σάουνα

soona e demngal farase

μπαλκόνι

balko

βεράντα

teeraas

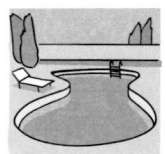

πισίνα

pisin

μηχανή του γκαζόν

keefoowo hudo

σεντόνι

darap

κάλυμμα κρεβατιού

darap

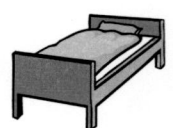

κρεβάτι

leeso

σκούπα

pittirgal

κουβάς

suwo

διακόπτης

ñifirgel

σαλόνι

suudu yeewtere

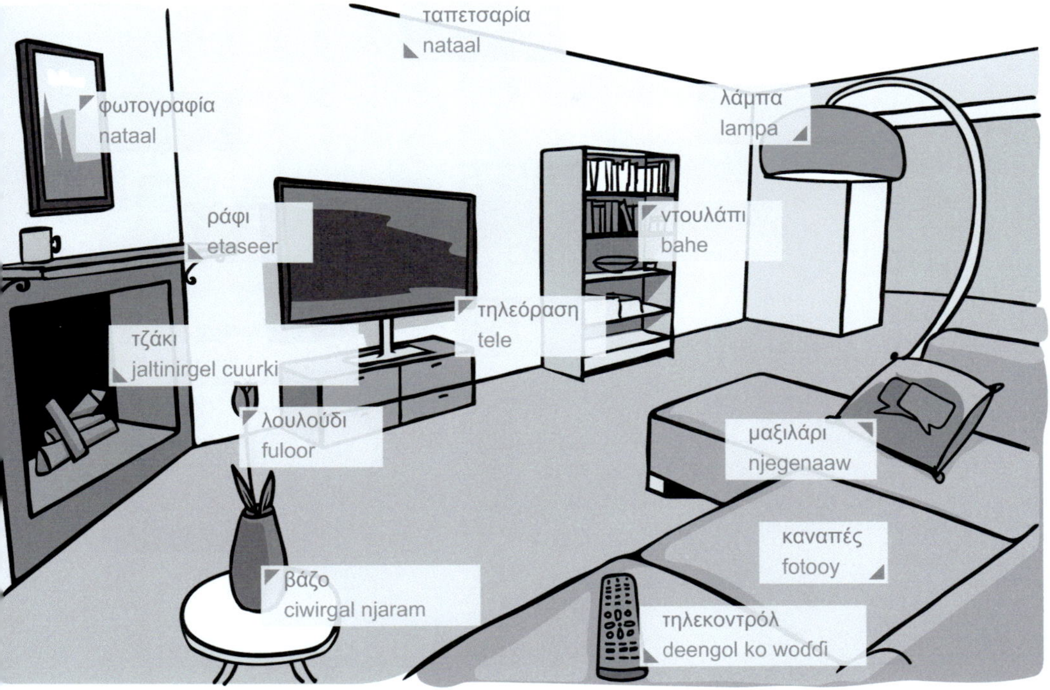
ταπετσαρία
nataal
φωτογραφία
nataal
λάμπα
lampa
ράφι
etaseer
ντουλάπι
bahe
τηλεόραση
tele
τζάκι
jaltinirgel cuurki
λουλούδι
fuloor
μαξιλάρι
njegenaaw
καναπές
fotooy
βάζο
ciwirgal njaram
τηλεκοντρόλ
deengol ko woɗɗi

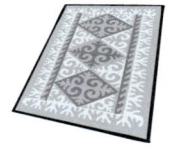

χαλί

tappi

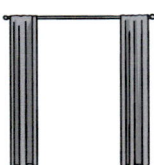

κουρτίνα

rido

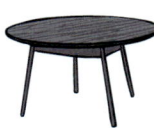

τραπέζι

taabal

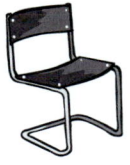

καρέκλα

jooɗorgal

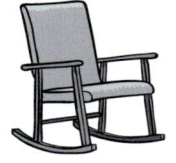

κουνιστή πολυθρόνα

jooɗorgal timmungal

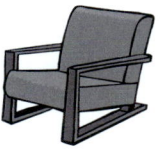

πολυθρόνα

jooɗorgal tuggateengal

βιβλίο

deftere

κουβέρτα

cuddirgal

διακόσμηση

jooɗnugol

καυσόξυλα

leɗɗe kubbateeɗe

ταινία

filmo

στερεοφωνικό σύστημα

materiyel hi-fi

κλειδί

coktirgal

εφημερίδα

kaayit kabaruuji

πίνακας ζωγραφικής

pentirgol

αφίσα

posteer

ραδιόφωνο

rajo

σημειωματάριο

teskorgel

ηλεκτρική σκούπα

boɗowel pusiyeer

κάκτος

kaktis

κερί

sondel

κουζίνα
waañ

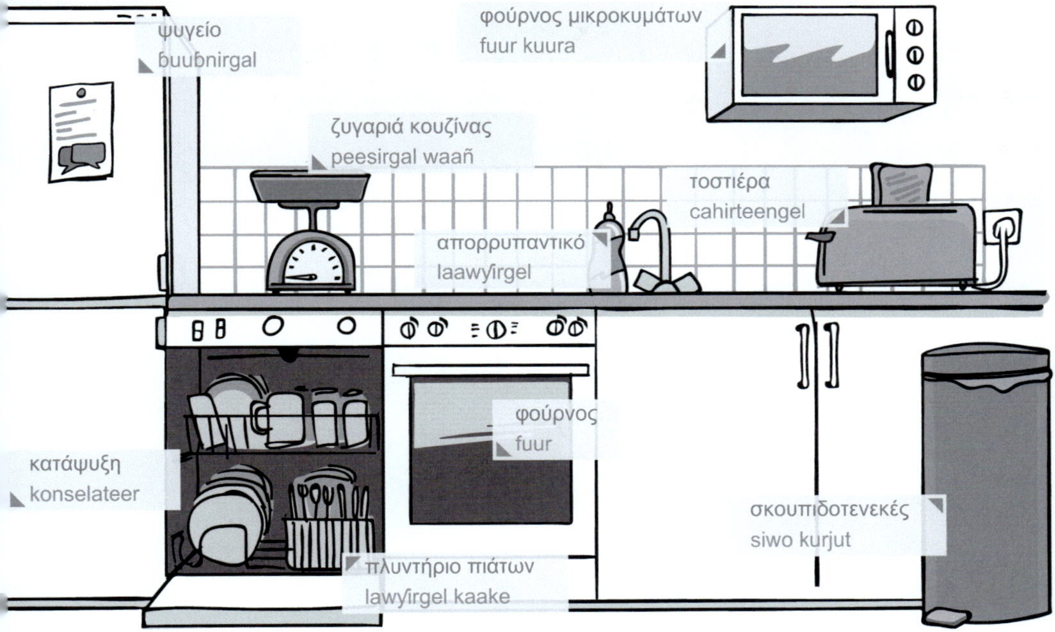
ψυγείο
buubnirgal
φούρνος μικροκυμάτων
fuur kuura
ζυγαριά κουζίνας
peesirgal waañ
τοστιέρα
cahirteengel
απορρυπαντικό
laawyirgel
φούρνος
fuur
κατάψυξη
konselateer
σκουπιδοτενεκές
siwo kurjut
πλυντήριο πιάτων
lawyirgel kaake

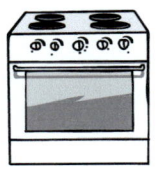

κουζίνα

fuurno

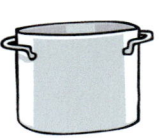

κατσαρόλα

pot

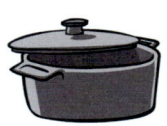

μαντεμένια κατσαρόλα

barme

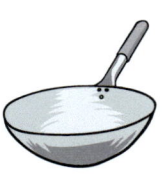

γουόκ/καντάι

kasorol

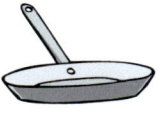

τηγάνι

kasorol

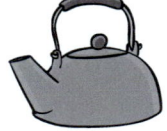

βραστήρας

satalla

ατμομάγειρας

suppere defirteende

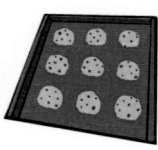

ταψί

pool defirteeɗo

πιατικά

lawyûgol kaake

κούπα

pot jarduɗo

μπολ

suppeere

ξυλάκια

ñibirgon ñaamdu

κουτάλα

kuddu luus

σπάτουλα

kayit ɗakirteeɗo

ανακατεύω

iirtude

σουρωτήρι

ceɗirgel

σουρωτηράκι

tame

τρίφτης

keefirgel

γουδί

moññirgal

ψησταριά

juɗgol

ανοιχτή φωτιά

jeyngol e henndu

σανίδα κοπής

coppirgal

πλάστης

degnirgel ñaamdu
feewnateendu

ανοιχτήρι φελλών

udditirgel butel

κονσέρβα

buwaat

ανοιχτήρι κονσέρβας

udditirgel buwat

γάντι φούρνου

nangirgel pot

νεροχύτης

siimtude

βούρτσα

boros

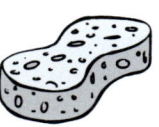

σφουγγάρι

eppoos

μπλέντερ

jiiбirgel

καταψύκτης

battowel galaas

μπιμπερό

jardugel tiggu

βρύση

robine

μπάνιο
tarodde

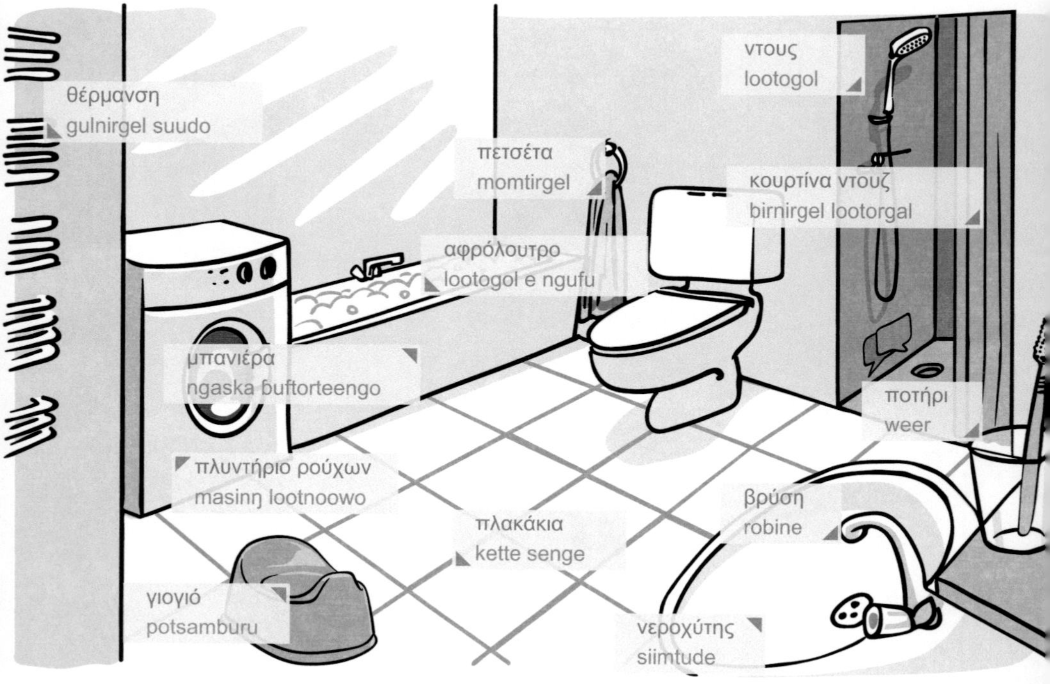

θέρμανση
gulnirgel suudo
πετσέτα
momtirgel
ντους
lootogol
κουρτίνα ντουζ
birnirgel lootorgal
αφρόλουτρο
lootogol e ngufu
μπανιέρα
ngaska buftorteengo
πλυντήριο ρούχων
masinŋ lootnoowo
πλακάκια
kette senge
ποτήρι
weer
βρύση
robine
γιογιό
potsamburu
νεροχύτης
siimtude

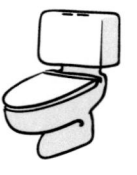

τουαλέτα

taarorde

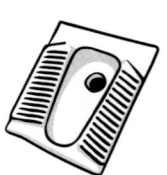

τούρκικη τουαλέτα

joɗorgal kuwirteengal

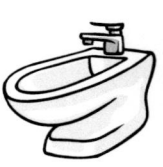

μπιντές

biisirgel ndiyam

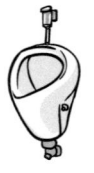

ουρητήριο

taarodde

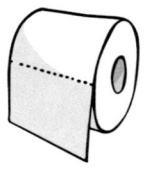

χαρτί υγείας

kaayit momtirɗo

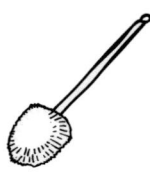

πιγκάλ

boros taarorde

οδοντόβουρτσα

coccorgal ƴiiye

οδοντόκρεμα

sabunde ƴiiye

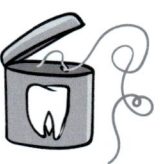

οδοντικό νήμα

gaarowol ñiire

πλένω

lawƴude

τηλέφωνο ντους

ɓoggol lootirteengol

ντουσιέρα

ɓuftogol

λεκάνη

loowirteengel

βούρτσα πλάτης

demirgel huɗo

σαπούνι

sabunnde

αφρόλουτρο

saabunde ɓuftorteende

σαμπουάν

sampoye

φανέλα

limsere wiro

σιφόνι

ciiygol

κρέμα

kerem

αποσμητικό

uurnirgel

καθρέφτης

daandorgal

καθρέφτης χειρός

daandorgal pamoral

ξυραφάκι

pembirgel

αφρός ξυρίσματος

ngufu pembol

αφτερσέιβ

moomiteengel pembol

χτένα

yeesoode

βούρτσα

boros

σεσουάρ

joornirgel sukunndu

λακ

peewnirgel sukunndu

μακιγιάζ

makiyaas

κραγιόν

joodirgel toni

βερνίκι νυχιών

momtirgel cegeneeji

βαμβάκι

garowol wiro

ψαλίδι νυχιών

siso cegeneeji

άρωμα

parfon

νεσεσέρ

waxande lootorgal

σκαμπό

kuudi

ζυγαριά

peesirgal

μπουρνούζι

wutte cuftorteeɗo

ελαστικά γάντια

gaŋuuji dalli

ταμπόν

momtirer ɣiiɣam ella

πετσέτα υγιεινής

kuus tiggu

χημική τουαλέτα

lootogol simik

παιδικό δωμάτιο

suudu sakaaɓe

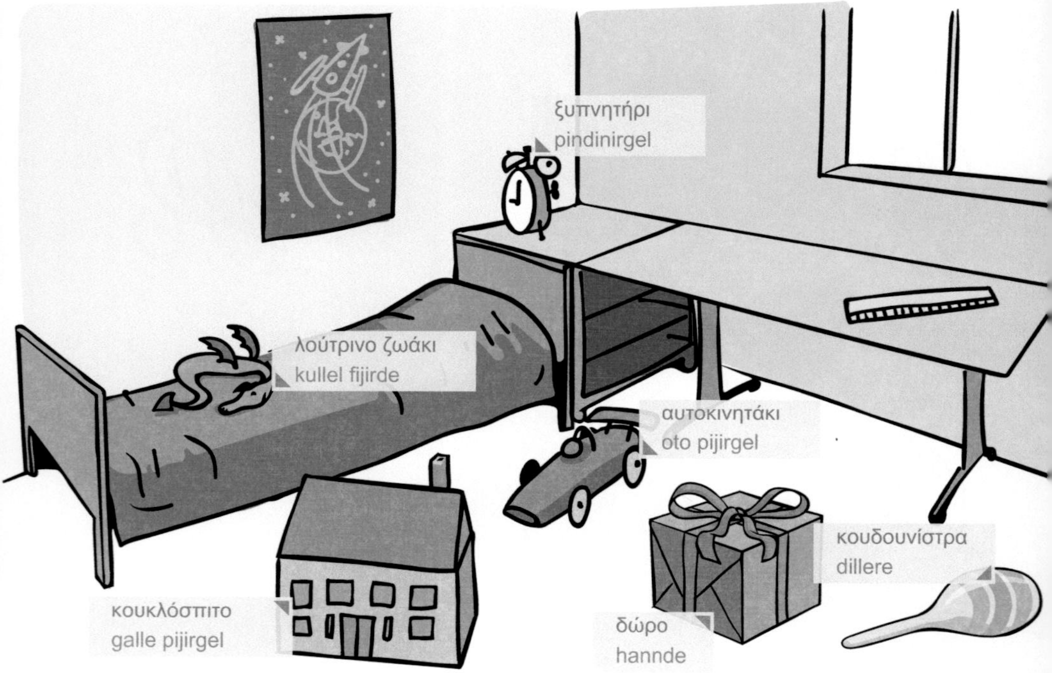
ξυπνητήρι
pindinirgel
λούτρινο ζωάκι
kullel fijirde
αυτοκινητάκι
oto pijirgel
κουδουνίστρα
dillere
κουκλόσπιτο
galle pijirgel
δώρο
hannde

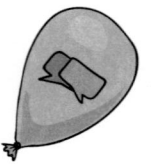

μπαλόνι

sumalle dalli

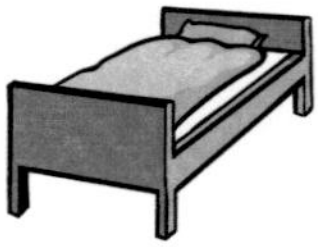

κρεβάτι

leeso

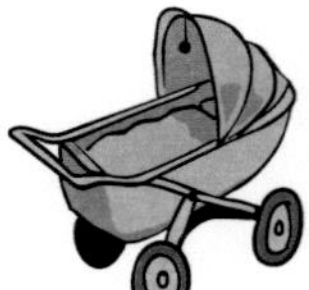

καροτσάκι

duñirgel tiggu

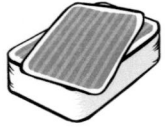

τράπουλα

nokkere karte

παζλ

fijirde lombondirgol

SUPER MEGA

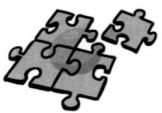

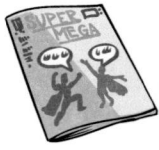

κόμικς

njalniika

τουβλάκια lego

pijirgel tuufeeje

τουβλάκια κατασκευών

tuufeeje

φιγούρα δράσης

pijirgel

βρεφικό φορμάκι

comcol tiggu

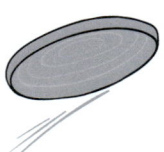

φρίσμπι

palaat diwwoow

μόμπιλο

noddirgel

επιτραπέζιο παιχνίδι

pijirgel

ζάρια

dee

σετ τρενάκι

ñemtinirgel laana ndegoowa

πιπίλα

neɗɗo fuuunti

πάρτι

fijirde

εικονογραφημένο βιβλίο

deftere nate

μπάλα

bal

κούκλα

puppe

παίζω

fijde

σκάμμα με άμμο

mbalka ceenal

κούνια

beeltirgal

παιχνίδια

pijirgel

κονσόλα βιντεοπαιχνιδιών

pijiteengel see widewo

τρίκυκλο

welo biifi tati

αρκουδάκι

pijirgel kullel urs

ντουλάπα

armuwaar

ρούχα
comcol

κάλτσες

kawase

καλτσοδέτες

kawase

καλσόν

tuubayon ɓittukon

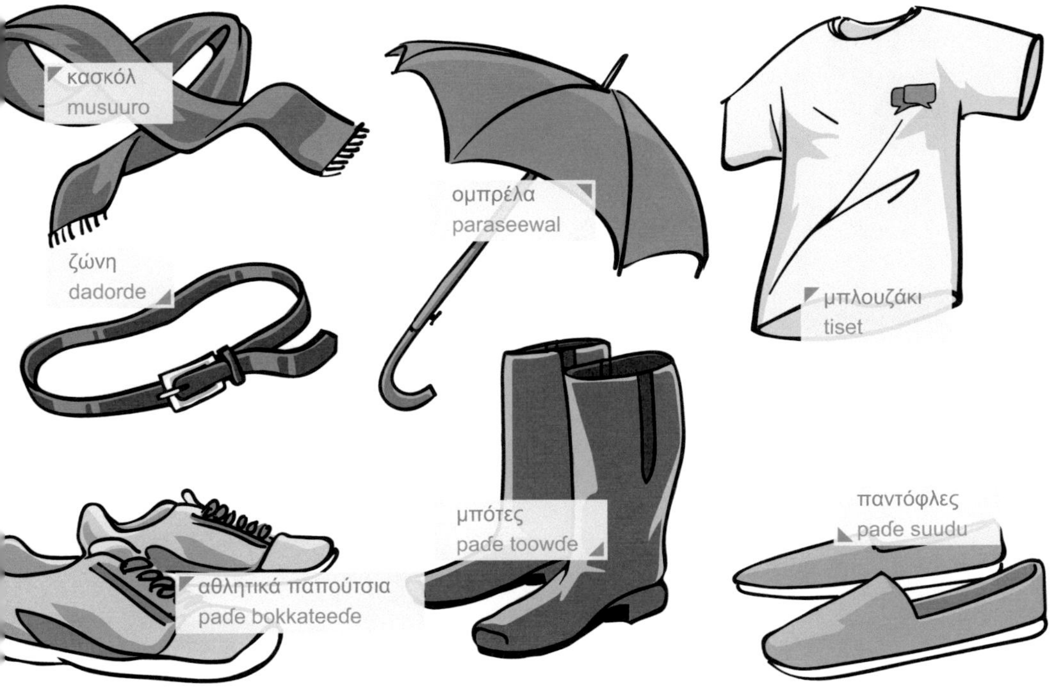

κασκόλ
musuuro

ζώνη
dadorde

ομπρέλα
paraseewal

μπλουζάκι
tiset

παντόφλες
paɗe suudu

μπότες
paɗe toowɗe

αθλητικά παπούτσια
paɗe bokkateeɗe

σανδάλια
paɗe diwa

παπούτσια
paɗe

γαλότσες
paɗɗe toowɗe lirotooɗe

εσώρουχο
cakkirɗi

σουτιέν
sucengors

φανέλα
silet

σώμα

banndu

παντελόνι

tuuba

τζιν παντελόνι

jiin

φούστα

robbo

μπλούζα

buluson

πουκάμισο

simis

πουλόβερ

piliweer

πουλόβερ

weste nebbu

σακάκι

layset

μπουφάν

jaget

παλτό

weste juuɗɗo

αδιάβροχο πανωφόρι

wutte toɓo

κοστούμι

kostim

φόρεμα

robbo

νυφικό

robbo yange

κοστούμι

weste

νυχτικό

wutte baalduɗo

πιτζάμες

pijama

σάρι

sari

μαντήλι

muusooro

τουρμπάνι

kaala

μπούρκα

kaala

καφτάνι

sabndoor

μουσουλμανικό ένδυμα

abbaay

ολόσωμο μαγιό

comcol lumbirogol

ανδρικό μαγιό

cakkirɗi

σορτς

kilot

αθλητική φόρμα

joogin

ποδιά

limsere deffowo

γάντια

gaŋuuji

κουμπί

ɓoɗɗirgel

γυαλιά

lone

βραχιόλι

jawo

περιδέραιο

cakka

δαχτυλίδι

feggere

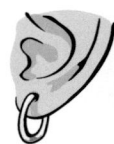

σκουλαρίκι

hootonde

καπέλο

laafa

κρεμάστρα

liggirgal weste

καπέλο

laafa

γραβάτα

karawat

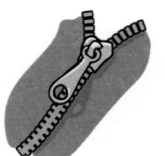

φερμουάρ

zip

κράνος

laafa ndeenka

τιράντες

ɠanŋ

μαθητική στολή

comcol duɗal

στολή

iniform

σαλιάρα

sarbetel daande

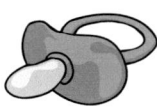

πιπίλα

neɗɗo fuuunti

πάνα

kuus

γραφείο
gollirgal

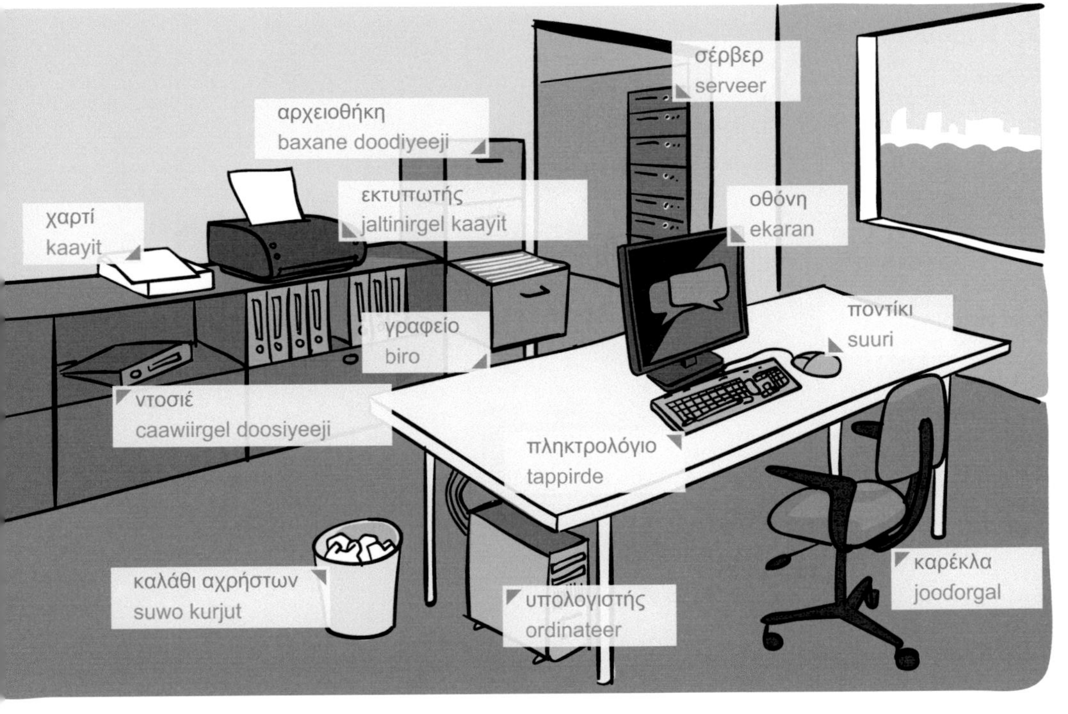

σέρβερ
serveer

αρχειοθήκη
baxane doodiyeeji

εκτυπωτής
jaltinirgel kaayit

οθόνη
ekaran

χαρτί
kaayit

γραφείο
biro

ποντίκι
suuri

ντοσιέ
caawiirgel doosiyeeji

πληκτρολόγιο
tappirde

καλάθι αχρήστων
suwo kurjut

υπολογιστής
ordinateer

καρέκλα
jooɗorgal

κούπα του καφέ

kuppu kafe

κομπιουτεράκι

qiimorgal

ίντερνετ

enternet

λάπτοπ

ordinateer beelnateeɗo

γράμμα

bataake

μήνυμα

bataake

κινητό

noddirgel

δίκτυο

reso

φωτοτυπικό μηχάνημα

cottitirgel

λογισμικό

losisiyel

τηλέφωνο

noddirgel

πρίζα

ceŋirgel boggol kuura

συσκευή φαξ

masinŋ faks

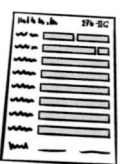

έντυπο

mbaadi

έγγραφο

dokiman

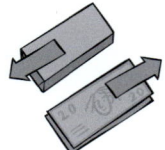

αγοράζω

soodde

πληρώνω

sooɗde

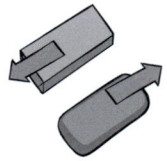

συναλλάσσομαι

yeyde

χρήματα

kaalis

δολάριο

dolaar

ευρώ

eroo

γιεν

yen

ρούβλι

ruubal

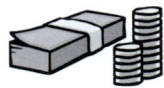

ελβετικό φράγκο

faran Siwis

ρενμίνμπι γιουάν

yuwaan renminbi

ρουπία

rupii

ATM (αυτόματη ταμειακή μηχανή)

masiŋ keestorɗo kaalis

ανταλλακτήρια
συναλλάγματος

nokku beccugol e neldugol

χρυσός

kanŋe

ασήμι

kaalis

πετρέλαιο

esaans

ενέργεια

sembe

τιμή

coggu

συμβόλαιο

kontara

φόρος

taks

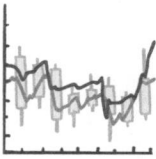

μετοχή

marsandiss moftaaɗo

δουλεύω

gollude

υπάλληλος

gollinteeɗo

εργοδότης

gollinoowo

εργοστάσιο

isin

κατάστημα

bitik

επαγγέλματα
haajuuji

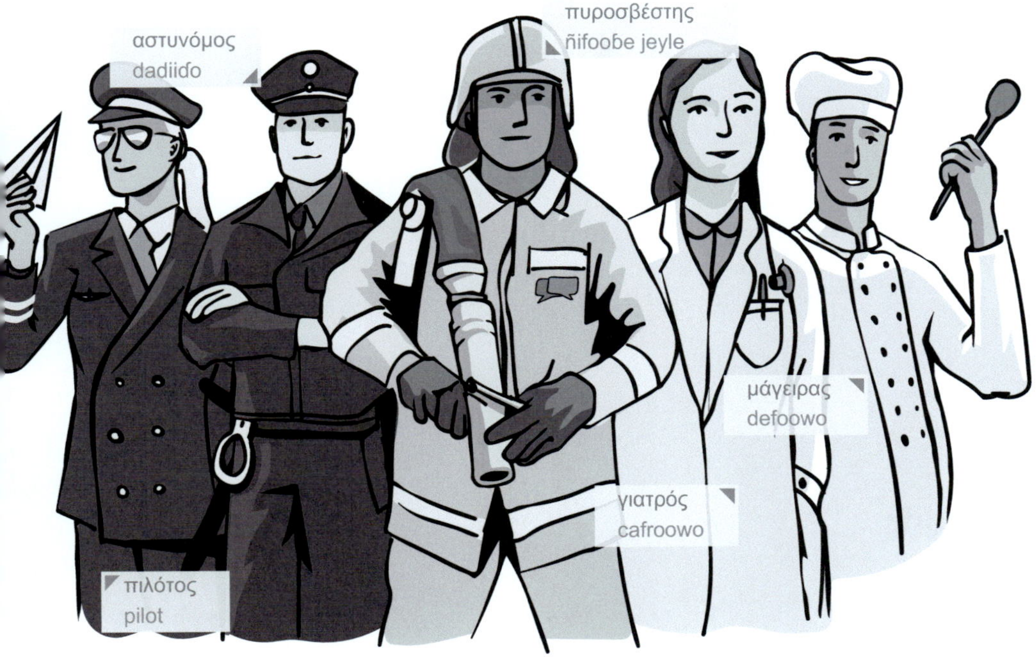

αστυνόμος
dadiiɗo
πυροσβέστης
ñifooɓe jeyle
μάγειρας
defoowo
γιατρός
cafroowo
πιλότος
pilot

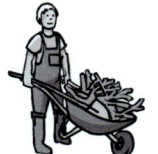

κηπουρός

toppitiiɗo sardin

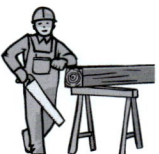

ξυλουργός

minise

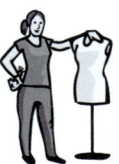

μοδίστρα

ñootoowo

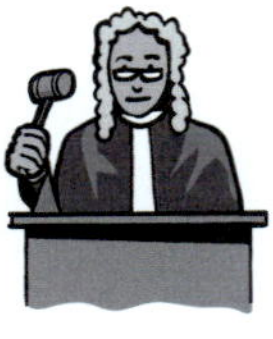

δικαστής

ñaawoowo

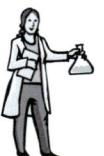

χημικός

simist e ɗemngal farayse

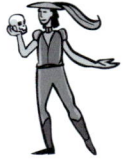

ηθοποιός

aktoor

οδηγός λεωφορείου

dognoowo biis

ταξιτζής

dognoowo taksi

ψαράς

gawoowo

καθαρίστρια

pittoowo

τεχνίτης στεγών

cengirɗe huɓeere

σερβιτόρος

carwoowo

κυνηγός

daddoowo

ζωγράφος

pentiroowo

αρτοποιός

piyoowo mburu

ηλεκτρολόγος

gollowo kuura

οικοδόμος

mahoowo

μηχανολόγος

enseñeer

κρεοπώλης

jeyoowo teew keso

υδραυλικός

polombiyer

ταχυδρόμος

nawoowo ɓatakuuji

στρατιώτης

kooninke

αρχιτέκτονας

diidoowo ɓahanteeri

ταμίας

kestotooɗo

ανθοπώλης

jeyoowo fuloraaji

κομμωτής

mooroowo

ελεγκτής εισιτηρίων

dognoowo

μηχανικός

mekanisiyenŋ

καπετάνιος

kapiteen

οδοντίατρος

cafroowo ƴiiƴe

επιστήμονας

miijotooɗo

ραβίνος

kellifaaɗo diine to israayel

ιμάμης

imaam

μοναχός

muwaan e e ɗemngal
farayse

ιερέας

kellifaaɗo diine heerereeɓe

εργαλεία

kuutorɗe

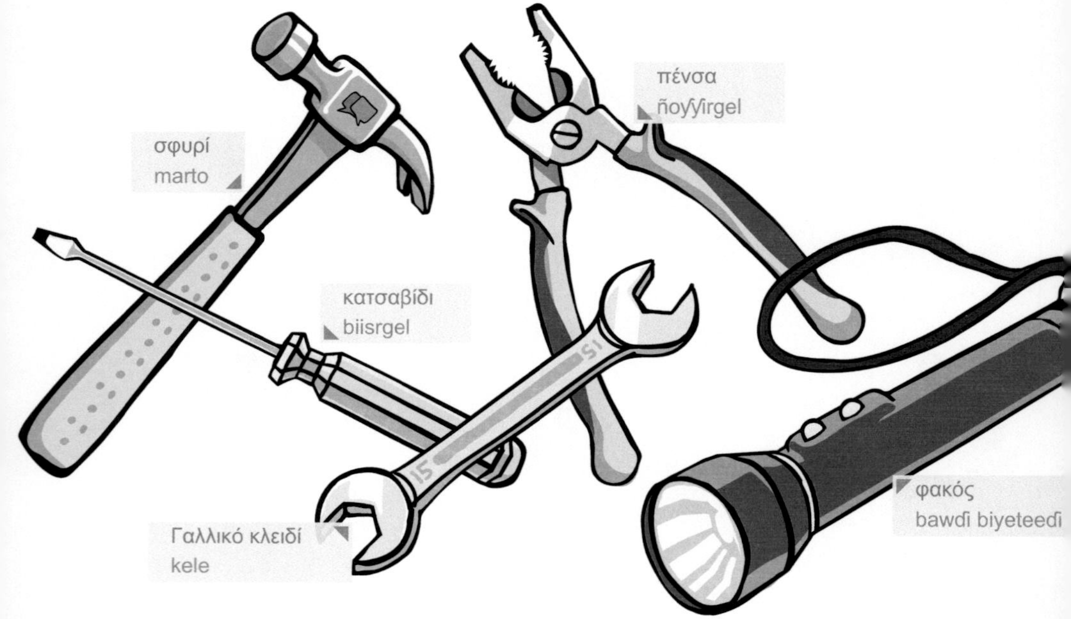
πένσα
ñoƴƴirgel
σφυρί
marto
κατσαβίδι
biisrgel
Γαλλικό κλειδί
kele
φακός
bawɗi biyeteeɗi

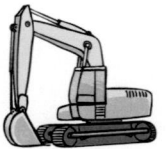

εκσκαφέας
pikku

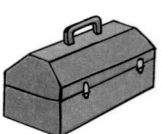

εργαλειοθήκη
baxanel kaɓorɗe

σκάλα
ŋabbirgal

πριόνι
taƴirgal

καρφιά
ƴibirɗe

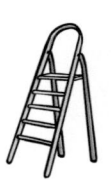

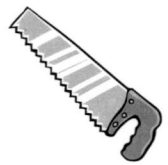

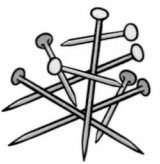

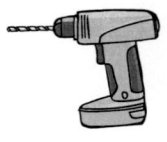

τρυπάνι
julirgal

επισκευάζω

fewnitde

φτυάρι

nokkirgel

Να πάρει!

Soo!

φαράσι

ɓoftirgel kurjut

δοχείο χρωμάτων

pot penttiir

βίδες

wiisuuji

μουσικά όργανα
kongirgon misik

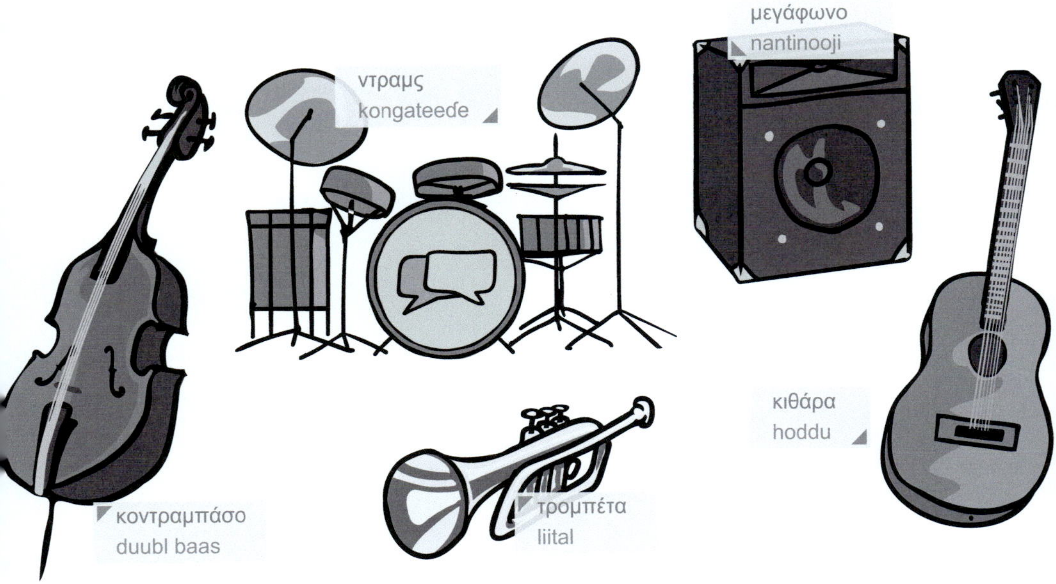

ντραμς
kongateeɗe

μεγάφωνο
nantinooji

κοντραμπάσο
duubl baas

τρομπέτα
liital

κιθάρα
hoddu

πιάνο

piayaano

βιολί

wiyolon

μπάσο

baas

τύμπανα

bowɗi biyeteeɗi timpani

τύμπανο

bawɗi

πλήκτρα

tappirgal

σαξόφωνο

saksofoon

φλάουτο

nguurdu

μικρόφωνο

mikoro

ζωολογικός κήπος
nokku kullon

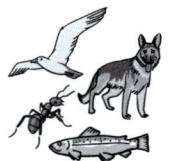

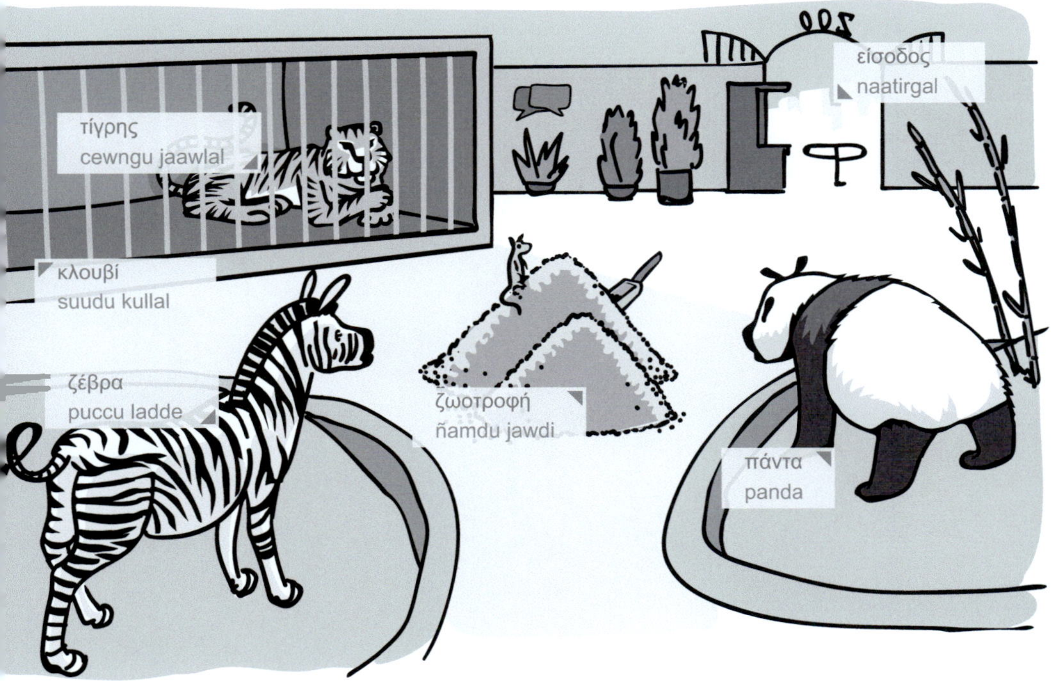

τίγρης
cewngu jaawlal
κλουβί
suudu kullal
ζέβρα
puccu ladde
ζωοτροφή
ñamdu jawdi
είσοδος
naatirgal
πάντα
panda

ζώα

kulle

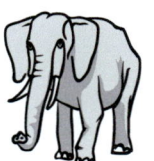

ελέφαντας

ñiiwa

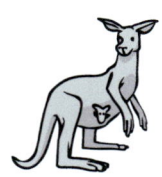

καγκουρό

kanguru

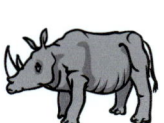

ρινόκερος

rinoseros

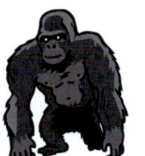

γορίλας

waandu mowndu

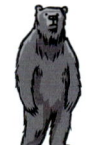

αρκούδα

urs

καμήλα

ngelooba

στρουθοκάμηλος

sundu burndu mownude

λιοντάρι

mbaroodi

πίθηκος

waandu

φλαμίνγκο

ñaaral pural

παπαγάλος

seku

πολική αρκούδα

urso galaas

πιγκουίνος

liingu wiyeteendu penguwe

καρχαρίας

lingu reke

παγώνι

ndiwri wiyeteendu pawon

φίδι

laadoori

κροκόδειλος

nooro

φύλακας ζωολογικού κήπου

deenoowo zoo

φώκια

togoori ndiyam wiyeteendu
fok e farayse

τζάγκουαρ

cewngu

πόνυ

molu

λεοπάρδαλη

cewngu

ιπποπόταμος

ngabu

καμηλοπάρδαλη

njabala

αετός

ciilal

αγριογούρουνο

mbabba tugal

ψάρι

liingu

χελώνα

heende

θαλάσσιος ίππος

kullal biyeteengal morse

αλεπού

renaar

γαζέλα

lella

Αμερικάνικο ποδόσφαιρο
Fuggukoyngel Amerknaaɓe

ποδηλασία
dognugol welo

αντισφαίριση
tenis

μπάσκετ
beysbol

κολύμβηση
lumbagol

πυγχαμία
boks

χόκεϋ επί πάγου
fuggukoyngel e galaas

ποδόσφαιρο
Fuggukoyngel

μπάντμιντον
badminton

στίβος
atelettuuji

χάντμπολ
hanbol

σκι
fijirɗe deggol e nees

πόλο
polo

δραστηριότητες
golle

γελάω
jalde
πηδάω
diwde
αγκαλιάζω
ɓuucaade
περπατάω
yaade
τραγουδάω
yimde
ονειρεύομαι
hoyɗitaade
προσεύχομαι
juulde
φιλάω
ɓuucaade

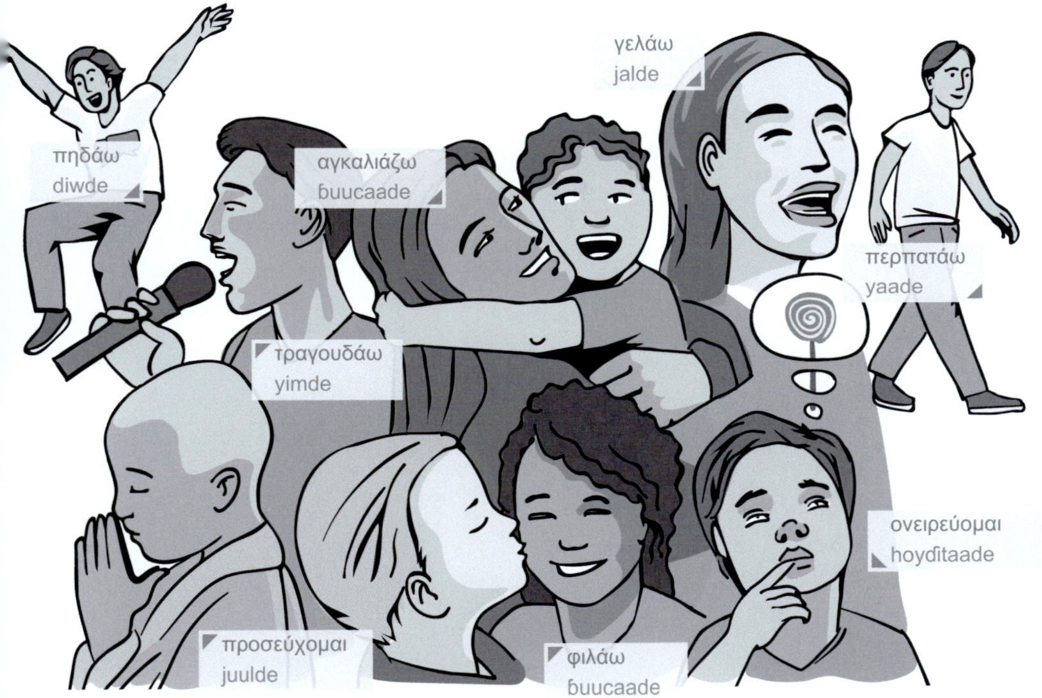

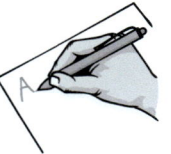

γράφω
windude

σχεδιάζω
siifde

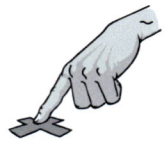

δείχνω
hollude

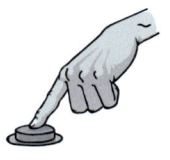

πιέζω
duñde

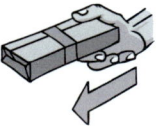

δίνω
rokkude

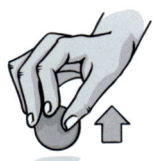

παίρνω
ƴettude

έχω

deñde

κάνω

waḋde

είμαι

wonde

στέκομαι

ummaade

τρέχω

dogde

τραβάω

fooḋde

ρίχνω

weddaade

πέφτω

yande

ξαπλώνω

fende

περιμένω

sabbaade

κουβαλώ

roonḋaade

κάθομαι

jooḋaade

φοράω

ɓoornaade

κοιμάμαι

ḋaanaade

ξυπνάω

finde

κοιτάω

ɣeewde

κλαίω

woyde

χαϊδεύω

helde

χτενίζω

yeesaade

μιλάω

haalde

καταλαβαίνω

faamde

ρωτάω

naamnaade

ακούω

heɗaade

πίνω

yarde

τρώω

ñaamde

συγυρίζω

hawrinde

αγαπάω

yiɗde

μαγειρεύω

defde

οδηγώ

dognude

πετάω

diwde

δραστηριότητες - golle

κάνω ιστιοπλοΐα

awyude

υπολογίζω

qimaade

διαβάζω

jangude

μαθαίνω

jangude

δουλεύω

gollude

παντρεύομαι

resde

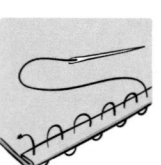

ράβω

ñootde

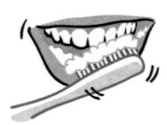

βουρτσίζω τα δόντια

soccaade ɣiiɣe

σκοτώνω

warde

καπνίζω

simmaade

στέλνω

neldude

ά
raađo debbo

παππούς
taaniraađo gorko

πατέρας
baabiraađo

μητέρα
yummiraađo

μωρό
tiggu

κόρη
biđđo debbo

γιος
biđđo gorko

καλεσμένος
kođo

θεία
goggiraađo

θείος
kaawiraađo

αδελφός
mowniraađo gorko

αδελφή
mowniraađo debbo

σώμα

ɓandu

μέτωπο
tiinde
μάτι
yiitere
ώμος
walabo
δάχτυλο
feɗendu
πρόσωπο
yeeso
πιγούνι
waare
χέρι
jungo
πόδι
koyngal
στήθος
endu
βραχίονας
jungo

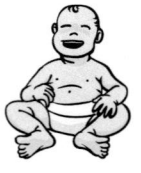

μωρό

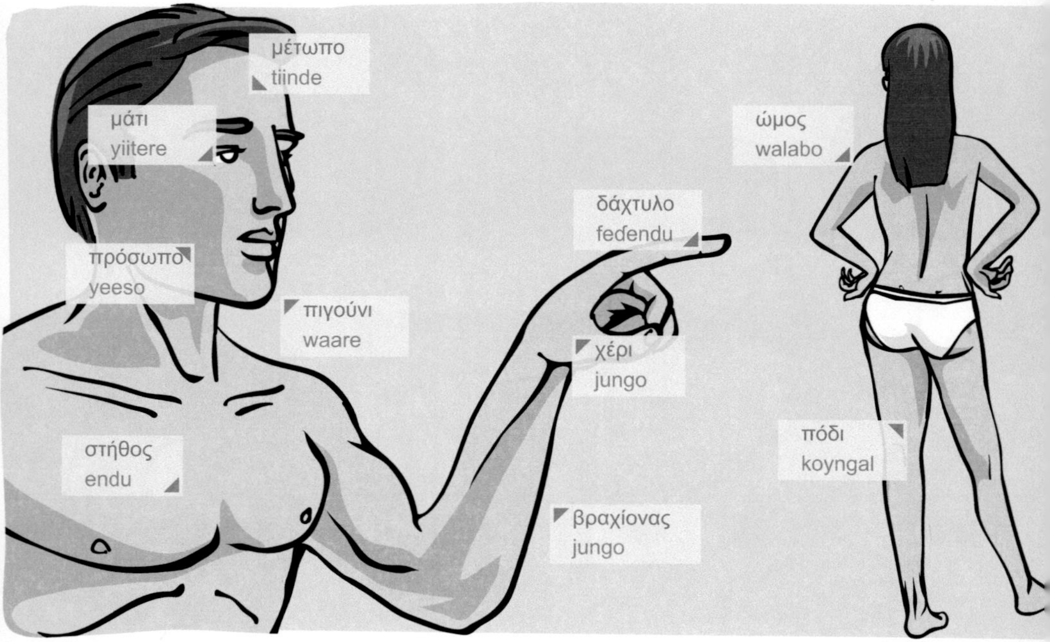

tiggu

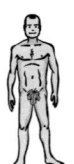

άνδρας

gorko

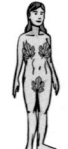

γυναίκα

debbo

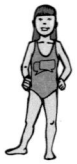

κορίτσι

deftere kongoli

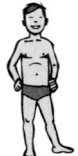

αγόρι

suka gorko

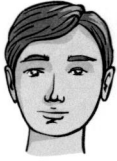

κεφάλι

hoore

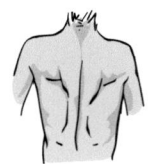

πλάτη

keeci

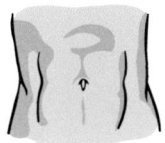

κοιλιά

reedu

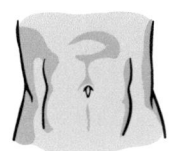

αφαλός

wuddu

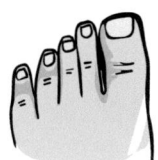

δάχτυλο ποδιού

feɗendu koyngal

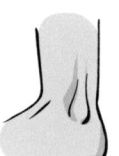

φτέρνα

jaɓborgal

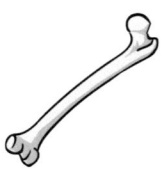

κόκκαλο

ƴiyal

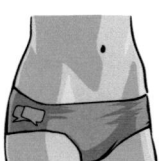

γοφός

rotere

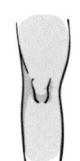

γόνατο

hofru

αγκώνας

salndu junngu

μύτη

hinere

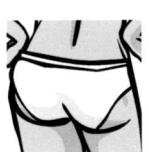

γλουτός

dote

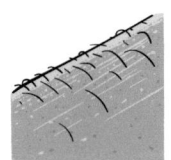

δέρμα

nguru

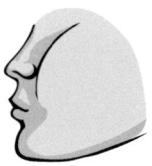

μάγουλο

aɓɓulo

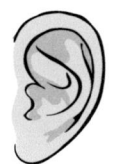

αυτί

nofru

χείλος

tonndu

στόμα

hunuko

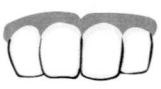

δόντι

ñiire

γλώσσα

đemngal

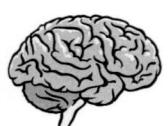

εγκέφαλος

ngaandi

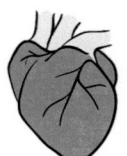

καρδιά

ɓernde

μυς

ɣiyal

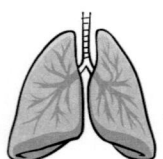

πνεύμονας

wecco

συκώτι

heeñere

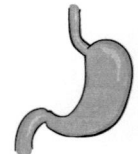

στομάχι

estoma

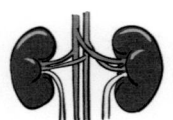

νεφρά

tekteki mawni

σεξουαλική επαφή

terđe

προφυλακτικό

laafa ndeenka

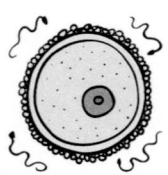

ωάριο

ɓoccoonde maniya

σπέρμα

maniya

εγκυμοσύνη

reedu

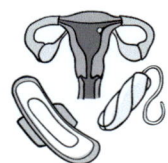

περίοδος

yiiɣam ella

γυναικείος κόλπος

farja

πέος

kaake

φρύδι

leeɓi dow yiitere

μαλλιά

sukunndu

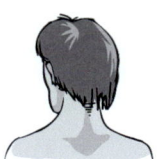

λαιμός

daande

νοσοκομείο
suudu safirdu

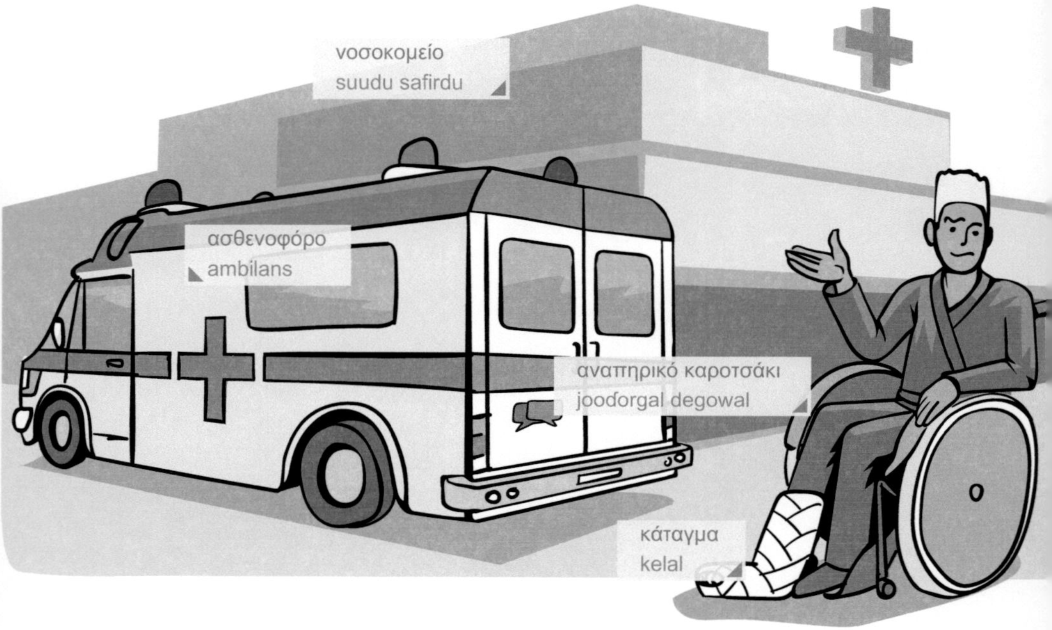

νοσοκομείο
suudu safirdu
ασθενοφόρο
ambilans
αναπηρικό καροτσάκι
jooɗorgal degowal
κάταγμα
kelal

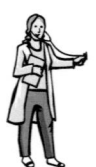

γιατρός

cafroowo

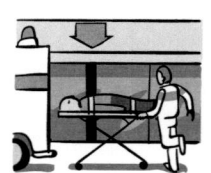

μονάδα εντατικής θεραπείας

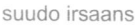

suudo irsaans

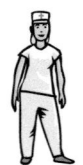

νοσοκόμα

cafroowo

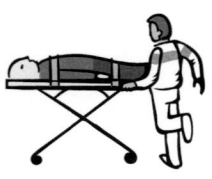

έκτακτη ανάγκη

irsaans

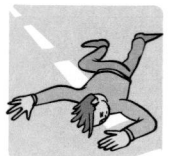

λιπόθυμος

paɗɗiiɗo

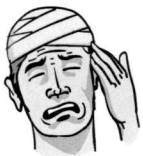

πόνος

muuseeki

τραύμα

gaañande

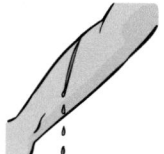

αιμορραγία

tuɣɣude

έμφραγμα

ɓernde dartiinde

εγκεφαλικό

darogol ɓernde

αλλεργία

alersi

βήχας

ɗojjugol

πυρετός

nguleeki ɓandu

γρίπη

maɓɓo

διάρροια

reedu dogooru

πονοκέφαλος

muuseeki hoore

καρκίνος

kanser

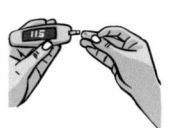

διαβήτης

jabet

χειρουργός

operasiyon

νυστέρι

ceekirgel

εγχείρηση

operasiyon

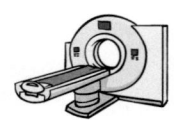

αξονική τομογραφία

CT

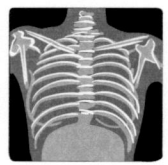

ακτινογραφία

reyon-x

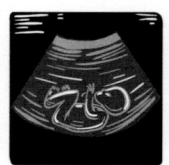

υπέρηχος

iltarason

μάσκα

mask yeeso

ασθένεια

ñaw

αίθουσα αναμονής

suudu sabbordu

πατερίτσα

sawru tuggorgal

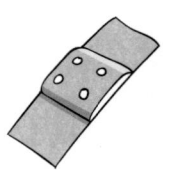

χάνσαπλαστ

palatar

επίδεσμος

bandaas

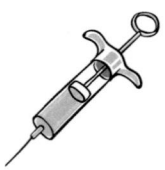

ένεση

pikkitagol

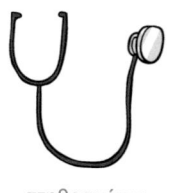

στηθοσκόπιο

keɗirgel dille ɓandu

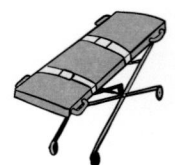

φορείο

balankaaru

θερμόμετρο

ɓetirgel nguleeki ɓanndu

γέννηση

jibinegol

υπέρβαρο

ɓandu ɓurtundu

ακουστικό βαρηκοΐας

ɓallotirgel nonooje

αντισηπτικό

desefektan

λοίμωξη

infeksiyon

ιός

viris

HIV/AIDS

HIV / SIDA

φάρμακο

safaara

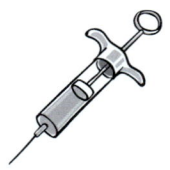

εμβολιασμός

ñakko

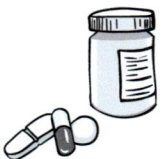

δισκία

tabletuuji

χάπι

foɗɗere

κλήση έκτακτης ανάγκης

noddaango heñoraango

πιεσόμετρο αίματος

ɓetirgel dogdu ƴiiƴam

άρρωστος / υγιής

sellaani / salli

Βοήθεια!

Paaboɗe!

συναγερμός

tintinirgel

βιαιοπραγία

jangol

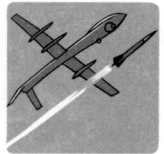

επίθεση

yande e

κίνδυνος

musiiba

έξοδος κινδύνου

damal dandirgal

Φωτιά!

Paaboɗe!

πυροσβεστήρας

ñifirgel jeynge

ατύχημα

aksida

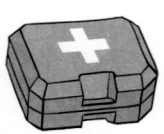

κουτί πρώτων βοηθειών

geɗe cafrorɗe gadane

SOS

BALLAL

αστυνομία

Polis

Ευρώπη

Erop

Βόρεια Αμερική

Amerik to Rewo

Νότια Αμερική

Amerik to Worgo

Αφρική

Afiriki

Ασία

Asi

Αυστραλία

Ostarali

Ατλαντικός Ωκεανός

Atalantik

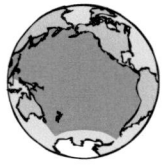

Ειρηνικός Ωκεανός

Pasifik

Ινδικός Ωκεανός

Oseyan Enje

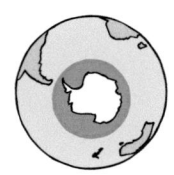

Ανταρκτικός Ωκεανός

Oseyan Antarktik

Αρκτικός Ωκεανός

Osean Arkatik

Βόρειος Πόλος

Bange Rewo

Νότιος Πόλος

Bange Worgo

Ανταρκτική

Antarktik

Γη

Leydi

γη

leydi

θάλασσα

maayo mawngo

νησί

wuro nder ndiyam

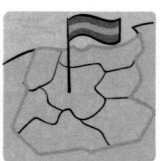

έθνος

leydi

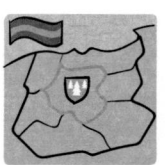

πολιτεία

jamaanu

καντράν ρολογιού

yeeso montoor

ωροδείκτης

misalel waqtu

λεπτοδείκτης

misalel hojomaaji

δείκτης δευτερολέπτων

misalel majanđe

Τι ώρα είναι;

Hol waqtu jonđo?

ημέρα

ñalawma

χρόνος

saha

τώρα

jooni

ψηφιακό ρολόι

montoor disitaal

λεπτό

hojom

ώρα

waqtu

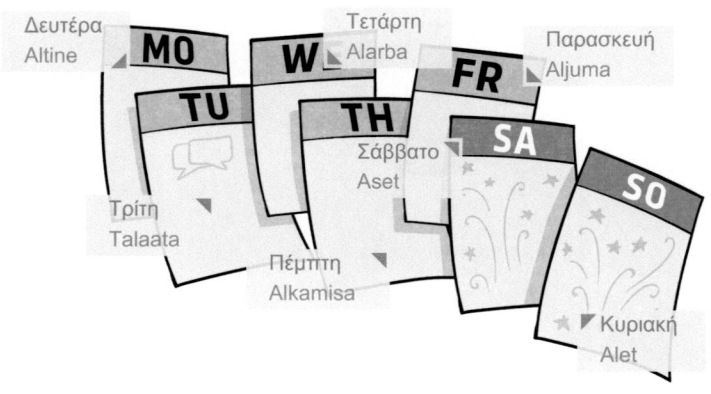

Δευτέρα
Altine

Τετάρτη
Alarba

Παρασκευή
Aljuma

Σάββατο
Aset

Τρίτη
Talaata

Πέμπτη
Alkamisa

Κυριακή
Alet

χθες

hanki

σήμερα

hande

αύριο

jango

πρωί

subaka

μεσημέρι

beetawe

βράδυ

kikiiđe

εργάσιμες ημέρες

ñalawmaaji golle

Σαββατοκύριακο

ñalamaaji fooftere

βροχή
toɓo

ουράνιο τόξο
timtimol

χιόνι
nees

άνεμος
hendu

άνοιξη
caggal dabbunde

φθινόπωρο
dabbunde

καλοκαίρι
ndungu

χειμώνας
dabbunde

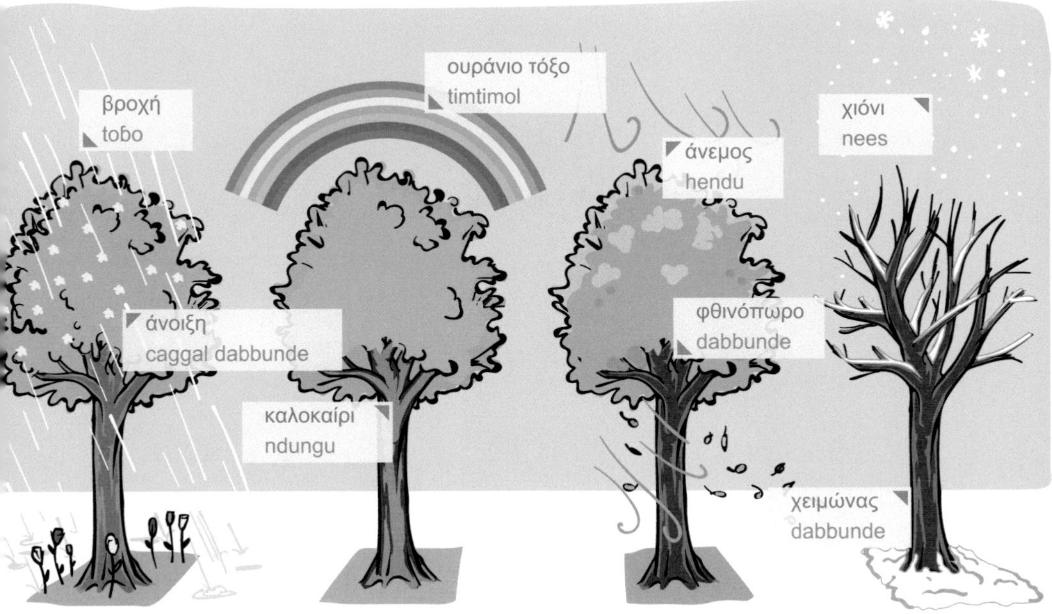

πρόγνωση καιρού

kabrugol geɗe weeyo

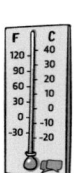

θερμόμετρο

ɓetirgal nguleeki

λιακάδα

nguleeki naange

σύννεφο

duulal

ομίχλη

niɓɓere niwri

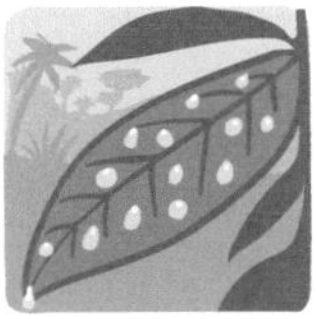

υγρασία

ɓuuɓol

αστραπή

majaango

κεραυνός

gidango

καταιγίδα

hendu yaduungo e gidaali

χαλάζι

toɓo mawngo

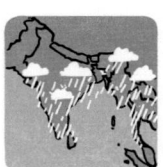

μουσώνας

keneeli mawɗi

πλημμύρα

toɓo yooloongo

πάγος

galaas

Ιανουάριος

Janwiye

Φεβρουάριος

Feeviriye

Μάρτιος

Mars

Απρίλιος

Awril

Μάιος

Me

Ιούνιος

Suwe

Ιούλιος

Suliye

Αύγουστος

Ut

Σεπτέμβριος

Setanbar

Οκτώβριος

Oktobar

Νοέμβριος

Noowambar

Δεκέμβριος

Desambar

σχήματα
Mbaadi

κύκλος

taariđum

τετράγωνο

bangeeji potđi

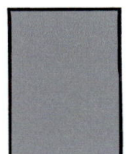

ορθογώνιο
παραλληλόγραμμο
rektangal

τρίγωνο

tiriyangal

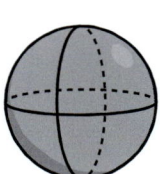

σφαίρα

esfeer

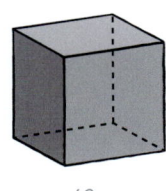

κύβος

kib

άσπρο

deneejo

κίτρινο

puro

πορτοκαλί

oraas

ροζ

roos

κόκκινο

bođeejo

μωβ

yolet

μπλε

bulaajo

πράσινο

werte

καφέ

baka

γκρι

giri

μαύρο

ɓaleejo

πολύ / λίγο

heewi / famɗi

θυμωμένος / ήρεμος

mittinɗo / deeyɗo

όμορφος / άσχημος

yooɗi / soofi

αρχή / τέλος

fuɗɗorde / gasirde

μεγάλος / μικρός

mawni / famɗi

φωτεινός / σκοτεινός

leeri / ɗibbiɗi

αδελφός / αδελφή

ɲawniraaɗo gorko / debbo

καθαρός / λερωμένος

laaɓi / tulmi

πλήρης / ατελής

timmi / manki

ημέρα / νύχτα

ñalawma / jamma

νεκρός / ζωντανός

mayi / wuuri

φαρδύς / στενός

yaaji / ɓitti

βρώσιμος / μη βρώσιμος

ñaame / ñaametaake

κακός / ευγενικός

bonđum / moɣɣi

ενθουσιασμένος /
βαριεστημένος

weelti / deeɣi

παχύς / λεπτός

ɓutto / cewđo

πρώτος / τελευταίος

gadiiđo / cakkitiiđo

φίλος / εχθρός

sehil / gaño

γεμάτος / άδειος

heewi / ɓolđi

σκληρός / μαλακός

tiiđi / hoyi

βαρύς / ελαφρύς

teddi / hoyi

πείνα / δίψα

heege / đomka

άρρωστος / υγιής

sellaani / salli

παράνομος / νόμιμος

dagaaki / dagi

έξυπνος / χαζός

ɣoɣi / ɣiɣaani

αριστερός / δεξιός

ñaamo / nano

κοντινός / μακρινός

ɓadi / wođđi

καινούριος /
μεταχειρισμένος

keso / kiiɗɗo

τίποτα / κάτι

haydara / huunde

γέρος | νέος

nayeeji / suka

αναμμένος / σβηστός

ne heen / ala heen

ανοιχτός / κλειστός

udditi / uddi

χαμηλόφωνος /
μεγαλόφωνος
deeyi / dilla

πλούσιος / φτωχός

galo / baasɗo

σωστός / λανθασμένος

feewi / feewaani

τραχύς / λείος

tekki / ɗaati

λυπημένος / χαρούμενος

suni / weelti

κοντός / μακρύς

daɓɓo / jutɗo

αργός / γρήγορος

leeli / yaawi

υγρός / στεγνός

leppi / yoori

ζεστός / δροσερός

wuli / ɓuuɓi

πόλεμος / ειρήνη

hare / jam

αντίθετα - ceertuɗe

0

μηδέν

meere

1

ένα

goo

2

δύο

ɗiɗi

3

τρία

tati

4

τέσσερα

nay

5

πέντε

joy

6

έξι

jeegom

7

εφτά

seeɗiɗi

8

οκτώ

jeetati

9

εννιά

jeenay

10

δέκα

sappo

11

έντεκα

sappo e goo

12

δώδεκα

sappo e điđi

13

δεκατρία

sppo e tati

14

δεκατέσσερα

sappo e nay

15

δεκαπέντε

sappo e joy

16

δεκαέξι

sappo e jeegom

17

δεκαεφτά

sappo e jeeđiđi

18

δεκαοκτώ

sappo e jeetati

19

δεκαεννέα

sappo e jeenay

20

είκοσι

noogas

100

εκατό

teemedere

1.000

χίλια

ujunere

1.000.000

εκατομμύριο

miliyonŋ

Αγγλικά

Angale

Αμερικάνικα Αγγλικά

Angale Amerik

Μανδαρίνικα Κινέζικα

Mandare Siin

Χίντι

Indo

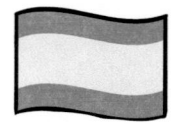

Ισπανικά

Español

Γαλλικά

Farayse

Αραβικά

Arab

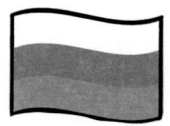

Ρώσικα

Riis

Πορτογαλικά

Portige

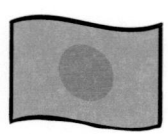

Μπενγκάλι

Bengali

Γερμανικά

Alma

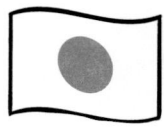

Ιαπωνικά

Sappone

εγώ

miin

εσύ

ann

♂ ♀ ○

αυτός / αυτή / αυτό

kaŋŋko / kaŋŋko / kañum

εμείς

minen

εσείς

onon

αυτοί / αυτές / αυτά

kamɓe

ποιος / ποια / ποιο;

holi oon?

τι;

hol đum?

πώς;

hol no?

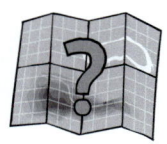

πού;

hol toon?

πότε;

mande?

όνομα

innde

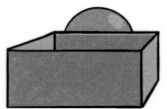

πίσω

caggal

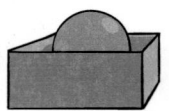

μέσα

nder

μπροστά

yeeso

πάνω από

hedde

πάνω

dow

κάτω

les

δίπλα

sara

ανάμεσα

hakkunde

μέρος

nokku